A FAMÍLIA COMO ESPELHO

um estudo sobre a moral dos pobres

EDITORA AFILIADA

Dados Internacionais de Catalogação na Publicação (CIP)
(Câmara Brasileira do Livro, SP, Brasil)

Sarti, Cynthia Andersen
A família como espelho : um estudo sobre a moral dos pobres /
Cynthia Andersen Sarti. – 7. ed. – São Paulo : Cortez, 2011.

Bibliografia.
ISBN 978-85-249-0908-5

1. Ética   2. Família – Aspectos morais e éticos   3. Pobres –
Aspectos morais e éticos   4. Trabalho e classes trabalhadoras –
Aspectos morais e éticos   I. Título.   II. Título: Um estudo sobre a
moral dos pobres.

03-0531
CDD-170

Índices para catálogo sistemático:

1. Ética social   170

Cynthia Andersen Sarti

A FAMÍLIA COMO ESPELHO

um estudo sobre a moral dos pobres

7ª edição
2ª reimpressão

A FAMÍLIA COMO ESPELHO
Cynthia Andersen Sarti

Capa: DAC
Preparação de originais: Nair Hitomi Kayo
Revisão: Maria de Lourdes de Almeida
Composição: Dany Editora Ltda.
Coordenação editorial: Danilo A. Q. Morales

Texto revisto a partir da 2ª edição em março de 2003.

Nenhuma parte desta obra pode ser reproduzida ou duplicada sem autorização expressa da autora e do editor.

© by Autora

Direitos para esta edição
CORTEZ EDITORA
Rua Monte Alegre, 1074 – Perdizes
05014-001 – São Paulo – SP
Tel.: (11) 3864-0111   Fax: (11) 3864-4290
E-mail: cortez@cortezeditora.com.br
www.cortezeditora.com.br

Impresso no Brasil – abril de 2017

Para
Gino e Sigrid, meus pais,
e para
Violeta e Júlio, meus filhos.

SUMÁRIO

Prefácio à 2ª edição 9

Agradecimentos 17

Introdução: **A trajetória de uma pesquisa** 19
    Em campo... 22

Capítulo 1: **O Universo da Pesquisa** 27
    O projeto de *melhorar de vida* 28

Capítulo 2: **Os Pobres nas Ciências Sociais Brasileiras** 35
    O paradigma da produção 37
    O paradigma da cultura 42
    Uns e outros 45
    Valores tradicionais 47

Capítulo 3: **A Família como Universo Moral** 55
    Sonhos que não se realizam 57
    Lugar de homem e lugar de mulher 62
    Deslocamentos das figuras masculinas e femininas 67
    O lugar das crianças 72
    Mãe solteira 75
    Relações através das crianças 77

Mãe e *pai*: *nas horas boas e ruins*... 79

Projetos familiares 83

Delimitação moral da idéia de família 85

Capítulo 4: **A Moral no Mundo do Trabalho** 87

Pobres e *trabalhadores* 88

O trabalhador como *homem forte* 89

O trabalhador como provedor 95

Trabalho feminino: doméstico e remunerado 98

Trabalho dos filhos 103

Trabalho como obrigação entre ricos e pobres 106

Trabalho, desemprego e esmola 110

Capítulo 5: **Relações entre Iguais** 113

O vizinho como espelho 115

A sociabilidade local 116

Proprietário x *Favelado* 118

Trabalhador x *Bandido* 122

Pobre x *Mendigo* etc. 128

Demarcação das fronteiras 130

Função ideológica da ambivalência entre os iguais 134

Comentários finais: **O Brasil como ele é** 139

Bibliografia 145

Prefácio à 2ª edição

Quando ainda candidato, o Presidente da República recém-eleito, Luiz Inácio Lula da Silva, expressou sua disposição de governar o país dizendo que iria "cuidar do Brasil como de um filho". Na mesma ocasião, em campanha, referindo-se ao fato de que nenhum partido era capaz de governar sozinho um país desta dimensão e à conseqüente abertura do governo do PT a outros partidos, comparou-o a um "coração de mãe, sempre cabendo mais um".[1]

Este livro busca entender a lógica que preside afirmações como essas, as quais, ao traduzirem o mundo social nos termos da família, tornam este mundo inteligível, por formularem um discurso no qual os indivíduos se reconhecem. Fala da família como uma referência simbólica fundamental que permite pensar, organizar e dar sentido ao mundo social, dentro e fora do âmbito familiar. Sua proposição é a de que a estruturação da vida material e afetiva dos indivíduos, que se passa na família, como todos sabemos, acontece a partir da existência da família como uma realidade simbólica, que ordena e organiza formas de pensar e viver. A tal ponto que, no universo pesquisado, a família se torna o parâmetro simbólico para definir, inclusive, os termos da atuação dos indivíduos no plano político. Procuro demonstrar como isto não se associa necessariamente a formas populistas de fazer política, mas ao fato de que as demandas

---

1. Petista diz que cuidará do País como de um filho. *O Estado de S. Paulo*, São Paulo, 24 out. 2002, Caderno H, p. 5.

e práticas políticas de qualquer segmento da população se articulam ao seu modo de viver e ao sentido que atribui à sua vida.

Esta segunda edição do livro não altera o conteúdo da primeira. Reproduz integralmente, sem alterações significativas, o texto publicado em 1996, sob o mesmo título.[2] Mantive a mesma discussão, os mesmos argumentos e a mesma bibliografia. Não fiz mais que atualizar citações, nos casos de reedição ou de publicação de textos mimeografados. Esta escolha deve-se, sobretudo, ao fato de que não voltei a campo para atualizar os dados nos quais me baseei, mas se justifica também pela reafirmação de uma forma de fazer pesquisa.

É muito provável que fatos ocorridos na última década tenham afetado uma realidade estudada no começo dos anos 90, particularmente a expansão do narcotráfico e, em sentido inverso, a implantação de novos programas sociais, como o Programa de Renda Mínima, o Começar de Novo ou o Bolsa-Escola, além do Programa de Saúde da Família (PSF). A intenção é que este livro possa contribuir para se compreender a manifestação desses e de outros fenômenos que incidem nesta realidade.

Uma leitura, algum tempo depois...

A forma como foi desenvolvida a pesquisa implicava a concepção da realidade social como uma realidade que não está objetivamente dada, mas é mediada pelo significado que lhe atribuem os atores sociais. O trabalho foi e continua sendo motivado pela clássica idéia de Durkheim, expressa em sua obra tardia *As formas elementares da vida religiosa* (de 1912) e seguida pela chamada Escola Sociológica Francesa, de que a sociedade

> "não é constituída simplesmente pela massa dos indivíduos que a compõem, pelo solo que ocupa, pelas coisas de que se serve, pelos movimentos que realiza, mas, antes de tudo, pela idéia que ela faz de si mesma" (1989:500).

---

2. Pela editora Autores Associados, de Campinas (SP), com o auxílio-publicação da Fapesp — Fundação de Amparo à Pesquisa do Estado de São Paulo.

A FAMÍLIA COMO ESPELHO

Alinhou-se, portanto, à corrente antropológica que pensa a sociedade como uma realidade que se constitui pela simbolização. Não à toa, é da referida obra de Durkheim também o trecho que serviu de epígrafe à introdução do trabalho.

Esta pesquisa pretendeu contribuir para entender a sociedade brasileira a partir de um de seus segmentos, os pobres, que vivem num dos bairros da periferia da cidade de São Paulo. Buscou a raiz da noção de família, presente em seu universo simbólico, nas condições particulares em que vivem as pessoas e na história da qual são herdeiras.

No segundo capítulo, discuto as diversas categorias utilizadas pelas ciências sociais brasileiras para analisar o segmento da população a que este trabalho se refere, argumentando que cada uma condiz com uma maneira de vê-lo. Sabemos, como cientistas sociais, que as escolhas não são inocentes. Ao contrário, elas representam concepções da realidade social e de como torná-la acessível por meio da pesquisa científica. Neste sentido, o uso da categoria "pobres" para se referir à população que foi pesquisada correspondeu à abordagem etnográfica que caracterizou este trabalho. Não foi previamente definida, mas ouvida durante a pesquisa. Trata-se, no jargão antropológico, de "uma categoria nativa", que emergiu no trabalho de campo, uma vez que os moradores do bairro estudado assim se definiam e assim se referiam à forma como são definidos pela sociedade mais ampla. A oposição entre ricos e pobres é um dos eixos fundamentais em torno dos quais constroem sua identidade social. O trabalho investiga precisamente os vários eixos dessa construção.

A partir da referência empírica na qual se baseou, este trabalho buscou analisar a forma particular como se constrói a noção de família como uma ordem moral entre os pobres, referência para pensar o mundo onde se situam, e como esta concepção se articula à sua condição social, configurando uma maneira de responder a ela. Não se pretendeu atribuir essas representações exclusivamente a este segmento da população, nem sequer deduzir de sua condição de pobreza ou de subordinação social a construção moral da noção de família. Metodologicamente, procurou-se, a partir de um caso particular, a lógica de construção da noção de família pelos pobres, cujo entendimento permite sua generalização e sua aplicação a outros casos observados. Este último passo, entretanto, não estava no âmbito deste trabalho etnográfico.

O livro procurou demonstrar que também a categoria "pobre", no universo pesquisado, é elaborada como uma categoria moral, o que abre o caminho para que a condição de pobre comporte valores positivos, numa sociedade marcada por valores (riqueza, poder e prestígio) aos quais os "pobres" não têm acesso.

O tema da pobreza, neste livro, foi abordado a partir do significado que ela tem para quem a vive, para quem se situa socialmente entre os que são designados pela sociedade como "pobres": vivem em bairros periféricos, exercem ocupações com baixa qualificação profissional, estão entre os que têm mais baixa escolaridade, recebem as mais baixas remunerações... Isto significa articular a condição de pobreza não apenas ao sistema que a gera, mas à problemática existencial de quem a vive.

A pobreza é um problema para quem a vive não apenas pelas difíceis condições materiais de sua existência, mas pela experiência subjetiva de opressão, permanente e estrutural, que marca sua existência, a cada ato vivido, a cada palavra ouvida. Foi isso que este livro procurou entender: como explicam o mundo, para si, os que vivenciam a pobreza. Entrei em suas casas para isso, sentei-me às suas mesas e conversamos. Conversamos muito, como conto no livro. Foi um movimento para dentro de seu mundo, uma busca de seu sentido existencial. Essa abordagem opõe-se radicalmente à tendência atual de espetacularização ou de estetização da pobreza, elaboradas como imagens externas, construídas para satisfazer necessidades que nada tem a ver com o que os protagonistas dessas histórias formulam para si. O trabalho foi feito na busca do sentido que o outro atribui à sua própria existência, ainda que nunca estejamos inteiramente seguros de que o que atribuímos ao outro, pela nossa escuta, corresponde ao que ele atribui a si mesmo. Trata-se do insolúvel problema nas relações intersubjetivas. Foi uma busca dessa aproximação.

Muito se diz da necessidade de "contextualizar a pobreza", quando dela se fala. Para explicitar como trabalhei implicitamente a noção de contexto, gostaria de comentar alguns equívocos em torno desta noção, por sua relevância para a antropologia. A expressão "inserir no contexto", tal como foi indiscriminadamente difundida nos meios de comunicação, associada a qualquer tipo de abordagem das ciências sociais, esvaziou-se de seu sentido como conceito, ferramenta teórica e metodológica fundamental na pesquisa social. Transformou-se em "sociologuês" e se confundiu a idéia de *contextualizar* com a de *inserir a questão estudada em uma explicação mais geral*, elaborada pelo pesquisador, a partir de seus referenciais teóricos, numa transposição quase mecânica, o que acabou por reduzir esse procedimento a algo bastante próximo ao que Nelson Rodrigues chamava de "óbvio ululante", quando se referia à explicação sociológica.

Na pesquisa etnográfica, o "contexto" no qual se busca situar o fenômeno estudado é o mundo de significação do sujeito pesquisado, o ponto de vista do "nativo". Isso implica não tomar como referência apenas o mundo de significação do pesquisador, no sentido de traduzir o fenômeno em seus termos, mas tentar entender que há outro mundo de significação a ser desvendado, com uma lógica própria, ainda que sem garantias absolutas de acesso a esse mundo, porque nunca deixamos inteiramente de ser etnocêntricos. Trata-se de se abrir para a maior aproximação possível, na busca do ponto de vista do outro, que dá significado ao fenômeno por ele vivido.

Nesta acepção, contextualizar não significa situar o fenômeno no âmbito "mais amplo" da sociedade onde se insere, explicando o particular pelo geral, o que contém o risco de se perder a riqueza e as sutilezas da particularidade ou da singularidade — as nuances, os matizes, as filigranas de sentido —, como argumento no capítulo 2 do livro, mas requer um passo a mais. Contextualizar é ir além da explicação do pesquisador e confrontá-la com a explicação nativa. Pressupõe o reconhecimento do discurso nativo como um saber, o que implica pensar a pesquisa como uma relação entre dois sujeitos, o pesquisador e o pesquisado, fazendo desta relação um problema. Traz consigo necessariamente o diálogo, com a exigência de sair de si. O contexto do pesquisador explica a sua interpretação, mas não necessariamente a do pesquisado, quando forem distintas as referências de significado de uma e da outra.

Reconhecer no outro uma "alteridade" — reconhecê-lo, portanto, como sujeito — supõe, ainda, como no caso em pauta, nenhum gozo ou complacência com a dor alheia. Talvez seja importante afirmar que isto é algo a se ter sempre presente quando se faz pesquisa ou "intervenções" com populações pobres ou que se localizem em qualquer lugar de opressão ou subordinação social. Nessa perspectiva, surge a crítica ao pensamento sociológico que analisa as classes populares a partir de referências negativas, daquilo que lhes falta. Como se a falta, assim como a dor, fosse um atributo do outro. O pesquisador, ao negar referências positivas aos que são socialmente desfavorecidos ou oprimidos, nega defensivamente seu próprio limite, a falta em si mesmo, dando a seu discurso um caráter absoluto. A dificuldade de relativização dos pontos de vista parece-me ser uma das mais relevantes questões a serem trabalhadas na implementação de políticas sociais e em todo trabalho que envolva ajuda não apenas aos pobres, mas a quem quer que seja, deficientes ou doentes, físicos ou mentais...

A nova conjuntura política brasileira anuncia mudanças, cuja dimensão não podemos ainda avaliar. Trouxe para o âmbito do poder os protagonistas da história que se conta neste livro, auto-identificados e identificados pela sociedade como destituídos dos instrumentos que conferem poder e prestígio. Não sabemos o que acontecerá em suas vidas cotidianas e suas formas de estar no mundo na nova ordem que se abre.

Se essa moralidade, espelhada na ordem familiar, relaciona-se, diante do desamparo social a que estão expostos os pobres, à forma como se constituiu o espaço público no Brasil, onde imperam as leis personalistas do espaço privado, ela é também, como se argumenta neste livro, uma forma de autovalorização e de afirmação de valores próprios desse segmento da população. Redefinindo-se o espaço de sua atuação social e política, redefine-se também o estatuto desse discurso moral na sociedade. Ele se relaciona à ambigüidade de uma sociedade dividida entre o arcaico e o moderno, um dilema das elites, que repercute em toda a sociedade brasileira. Não obstante, numa nova ordem social e política, em que não apenas as camadas dominantes tenham lugar, redefine-se o lugar do discurso dos dominados, como expressão de uma cultura própria, que também passa a fazer parte do jogo.

Alguém com uma história de vida igual à dos protagonistas deste livro — que, na história do Brasil, sempre falaram a partir de um lugar de subordinação social — fez-se líder sindical, deputado federal e acaba de ser eleito Presidente da República, resultado do processo político que se iniciou há mais de vinte anos, desde a fundação do Partido dos Trabalhadores. Foi o primeiro operário a ascender ao poder por eleições diretas, num processo eleitoral reconhecidamente democrático. A nova conjuntura aponta, portanto, para a redefinição dos lugares que têm marcado a hierarquia social e política no Brasil por séculos e, assim, abre a possibilidade de que seja atribuído à forma de viver e pensar o mundo social, descritas neste livro, um outro lugar. Veremos.

São Paulo, novembro de 2002

Agradecimentos

Este trabalho traz as marcas de ter sido originalmente uma Tese de Doutoramento. Foi apresentada ao Departamento de Antropologia da Faculdade de Filosofia, Letras e Ciências Humanas da Universidade de São Paulo em agosto de 1994.

Agradeço, acima de tudo, aos moradores do Jardim das Camélias, onde fiz a pesquisa, particularmente às famílias de Vera e José Nogueira Souza, Ana e Sérgio Santos Melo, Domingos e Lurdes da Silva Gomes, Genésio e Jandira dos Santos e de Neusa e Severino Isidro.

Maria Lúcia Aparecida Montes, minha orientadora, ajudou-me decisivamente a elaborar e dar forma às minhas idéias, o que faz este trabalho seu também, ainda que evidentemente a responsabilidade seja minha.

Carmen Barroso garantiu minha entrada inicialmente como sua orientanda no Doutorado do Departamento de Sociologia.

Tive o apoio financeiro da Capes e da Fapesp, através de bolsas de doutorado, além de uma bolsa do Programa de Dotações para Pesquisa Fundação Ford/ANPOCS, que me permitiu contratar Roberto Catelli Jr. como assistente de pesquisa no trabalho de campo. A Fundação Carlos Chagas, onde trabalhei como pesquisadora, deu-me o suporte institucional que viabilizou a pesquisa de campo. No Grupo de Trabalho "Família e Sociedade", da ANPOCS, discuti o trabalho em diferentes momentos de sua elaboração.

O incentivo de Guillermo O'Donnell foi básico na arrancada deste projeto. No Kellogg Institute for International Studies (Universidade de Notre Dame, Indiana, EUA), onde passei um semestre como professora visitante, foi possível dar impulso ao trabalho sistemático de análise dos dados. Thomas Skidmore ajudou-me decisivamente nesta tarefa.

Roberto Da Matta deu-me um apoio fundamental, inclusive na utilização dos dados da pesquisa feita em 1992 no mesmo bairro, sob sua coordenação, como parte do projeto conjunto CEBRAP/ Kellogg Institute, sobre "Políticas sociais para os pobres urbanos na América Latina".

Agradeço, finalmente, aos professores que me argüiram na Defesa da Tese. Além de Maria Lúcia Montes, a orientadora, Roberto Da Matta, que acompanhou o período de elaboração do trabalho, José Guilherme Cantor Magnani e Miriam Moreira Leite. Maria Lygia Quartim de Moraes, amiga e interlocutora, também fez parte da Banca Examinadora.

Angela Ramalho Vianna ajudou-me a reescrever a introdução do trabalho e Isabel De Lorenzo fez a revisão final do texto.

São Paulo, novembro de 1995

Introdução
A TRAJETÓRIA DE UMA PESQUISA

> "Uma sociedade não pode criar-se, nem se recriar sem criar, ao mesmo tempo, alguma coisa de ideal. Essa criação não é para ela uma espécie de ato suplementar com o qual se completaria a si mesma uma vez constituída; é o ato pelo qual ela se faz e se refaz periodicamente."
>
> *Émile Durkheim*

A análise das relações na família, sobretudo a partir da mudança nos papéis familiares — inevitável diante da crescente incorporação da mulher ao mercado de trabalho e da possibilidade de contracepção cada vez mais assegurada —, torna evidente uma questão estrutural na família moderna: o conflito entre, de um lado, a afirmação da individualidade — uma possibilidade do mundo moderno, em que a tradição vem sendo abandonada como em nenhuma outra época da história, transformando a intimidade (Giddens, 1993) — e, de outro, o respeito às obrigações e às responsabilidades próprias dos vínculos familiares.[1]

---

1. O conflito entre família e individualidade constitui problema fundamental nas análises sobre a identidade feminina. Ver a esse respeito, Franchetto et al. (1981), Durham (1983), Ardaillon e Caldeira (1984). Tem sido questão central no trabalho de Moraes (1985, 1989/90 e 1994). Foi por mim retomada em outro artigo (Sarti, 1995a).

Na família pobre, esse conflito — ainda que existente, porque os pobres fazem parte do mundo capitalista, moderno e individualizado — aparece pouco acentuado pela precedência do todo — a família — sobre as partes — os indivíduos —, fazendo com que as relações familiares entre os pobres sigam um padrão tradicional de autoridade e hierarquia.

Por meio da análise das relações entre homem e mulher na família pobre, pode-se perceber que a dificuldade de afirmação individual — tanto para o homem como, particularmente, para a mulher, que tem uma posição subordinada na hierarquia familiar — é expressa fundamentalmente como uma questão de ordem moral. Tal dificuldade aparece como uma incongruência em seu universo moral, onde os elos de obrigações em relação a seus familiares prevalecem sobre os projetos individuais.

Tal constatação levanta uma série de questões: quais são os fundamentos que efetivamente estruturam as relações na família no mundo dos pobres e que definem o lugar de cada um de seus membros, segundo sua própria concepção moral; que lugar ocupa esse código moral familiar, hierárquico e patriarcal, expresso nas relações entre homem e mulher e entre pais e filhos (Sarti, 1985a) dentro do sistema mais amplo de referências culturais dos pobres; que relação tem esta moralidade com sua posição estrutural de "pobres", socialmente subordinados; qual o alcance deste código moral hierárquico como referência simbólica para os pobres urbanos.[2]

O presente trabalho, que toma como ponto de partida a família, procura compreender com que categorias morais os pobres organizam, interpretam e dão sentido a seu lugar no mundo. Para isso, foram observados, ouvidos e entrevistados os moradores de um bairro da periferia de São Paulo, a respeito de suas vidas na família e no bairro, bem como de sua concepção do trabalho — a referência mais geral que projeta suas vidas para além desse círculo restrito de relações. As reflexões desenvolvidas no decorrer da pesquisa incidiram, assim, sobre os valores expressos na sociabilidade local, isto é, no próprio grupo de referência dos pobres, mostrando não apenas como

---

2. Cabe esclarecer que os "pobres" a que este trabalho se refere são os destituídos dos instrumentos que, na sociedade capitalista, conferem poder, riqueza e prestígio.

eles se relacionam com os "iguais", mas revelando também, em contrapartida, a concepção que têm da relação com os "outros".

Como parte da sociabilidade local, levaram-se em conta também as relações de parentesco. As relações familiares estabelecidas pela dinâmica entre afinidade e consangüinidade fazem pender a balança ora para um lado, o do núcleo conjugal, ora para o outro, o do grupo consangüíneo, como um pêndulo constante (Héritier, 1975), o que torna decisiva a rede de parentesco como um todo na dinâmica das relações familiares, sobretudo num contexto em que os vínculos conjugais são tênues, como no caso em pauta.

A pesquisa focalizou inicialmente a moralidade na família e estendeu-se depois para o bairro e as relações de vizinhança. No bairro onde foi desenvolvido o trabalho de campo, como nos demais bairros da periferia, os limites entre casa e rua são sutis e imprecisos, sendo difícil demarcá-los. A importância que o trabalho assume na definição que os pobres formulam dos papéis familiares impôs sua inclusão entre os temas de reflexão.

O desdobramento da análise da família para as relações de vizinhança e para a concepção que os moradores da periferia têm do trabalho foi mostrando, no desenrolar da pesquisa, como a moralidade na qual se assentam as relações familiares não se limita ao universo da casa, mas se expande para fora, configurando um sistema de valores que incide sobre o modo como os pobres pensam o mundo social e se colocam ante ele.

O estudo da moralidade dos pobres, expressa nas relações que se criam em torno da localidade onde habitam, tornou-se também um estudo da construção de sua identidade social, uma vez que a autodefinição dos pobres — ou seja, a definição do lugar que ocupam no mundo social — constrói-se dentro de uma concepção da ordem social como ordem moral.

A moralidade, neste estudo, é considerada do ponto de vista antropológico, numa perspectiva que pode ser chamada de durkheimiana, no sentido de que nega qualquer "essência" boa ou má à ordenação moral que fazem os pobres do mundo social, mas busca compreender qual é a interpretação que os sujeitos envolvidos fazem de sua experiência de vida, expressa em suas normas e valores.

Para Durkheim, a sanção, contrapartida negativa do ato moral, não resulta da natureza intrínseca ao ato, mas do fato de que existem normas sociais que prescrevem sua condenação, o que torna intrinsecamente social e, portanto, relativo o fato moral, sua proposição básica (Durkheim, 1924).[3]

A reflexão aqui contida é produto não só de uma pesquisa, mas de uma trajetória de pesquisa, que começou com um trabalho etnográfico anterior (Sarti, 1985a). Esse caminho tortuoso revela que, durante a realização de uma pesquisa, não apenas se desvenda aos olhos do pesquisador uma realidade externa que não se conhecia, mas também ocorre uma profunda transformação no olhar do pesquisador que, neste caso, se deslocou da família para o fundamento da ordem social na perspectiva dos pobres, sem que o material etnográfico tivesse se modificado substancialmente.

A definição da família como via de acesso ao problema da moralidade não foi uma escolha arbitrária, nem casual. Ela foi se delineando à medida que se revelava a importância da família como referência simbólica para os pobres, dentro e fora da casa. A família, pensada como uma ordem moral, constitui o espelho que reflete a imagem com a qual os pobres ordenam e dão sentido ao mundo social.

Em campo...

> "[...] não saberemos jamais se o outro, com o qual não podemos, apesar de tudo, confundir-nos, opera, a partir dos elementos de sua existência social, uma síntese que coincide exatamente com a que elaboramos. Mas não é necessário ir tão longe, é preciso somente — e, para tanto, o sentimento interno basta — que a síntese, mesmo aproximativa, decorra da experiência humana. Devemos assegurar-nos disto, pois estudamos homens; e como somos homens, disto temos a possibilidade."
>
> Claude Lévi-Strauss

No final dos anos 70, quando comecei o mestrado em Ciências Sociais, era militante e agente do discurso feminista, identificada com

---

3. A formulação de Durkheim (1960) da "solidariedade orgânica", que fundamenta a divisão social do trabalho, como um elo de caráter moral que vincula e integra os indivíduos socialmente, fez deste autor um clássico, um ponto de partida, de uma "sociologia moral".

ele, mas desconfiada de sua universalidade. Voltei meu interesse para a condição feminina, então, para mulheres que ocupam uma posição social diferente do meu próprio grupo de referências (Sarti, 1985a). Assim, com o objetivo de fazer a dissertação de mestrado, iniciei meu convívio com os moradores da periferia de São Paulo.

Desde então, conheço e acompanho, de perto ou de longe, algumas das famílias que moram no bairro em que foi realizada a pesquisa, em São Miguel Paulista, na zona Leste da cidade de São Paulo.

Algumas posturas permearam minha relação com os moradores deste bairro o tempo todo. Não era considerada uma *igual*, mas sim *diferente*, entre outros aspectos, por morar *lá no centro*, o que, por oposição à *periferia*, sintetiza um eixo de diferenciação social básico. Encontrava-me neste conhecido terreno movediço que caracteriza a posição do antropólogo, de estar próximo, pela situação de pesquisa, pela familiaridade que se vai desenvolvendo, pelas aproximações e preferências que se vão estabelecendo com a convivência e, ao mesmo tempo, de não fazer parte daquele grupo social.

Os *pobres* são pródigos em conversa. Conversávamos muito. Fato freqüente era devolverem-me a pergunta que eu lhes havia feito, e foi dessa troca que retirei a parte mais rica do material para análise. Acho que era quando os entendia melhor, talvez porque as definições, opiniões e comentários surgiam clara e espontaneamente por comparação, por contraste, permitindo falar de uma mesma questão sob diversos ângulos. O discurso fluía particularmente bem nessas ocasiões de troca de papéis, em que ambos, pesquisadora e pesquisado/a, perguntavam, dando vazão à curiosidade dos dois lados, fazendo com que diferenças e semelhanças aparecessem de modo mais aberto.

As maiores dificuldades de comunicação surgiam quando não era possível romper a distância que me confere a identificação com *eles*, diferente de *nós*. Isso era mais comum na favela, por razões óbvias, uma vez que lá se vive sob a constante ameaça de um possível despejo. A ameaça gera desconfiança. Devia, portanto, chegar apresentada por alguém que eles considerassem com toda segurança como *um de nós*.

É bastante freqüente, em situação de pesquisa, haver expectativa de que, com os recursos próprios do pesquisador, conferidos pela escolaridade e pelo "saber" que ela implica, possa ocorrer algum tipo de ajuda na resolução de problemas locais ou pessoais. Os pedidos de interferência, alguns explícitos — quando se tratava de questões coletivas do bairro —, outros sugeridos — quando se tratava de questões pessoais —, acabaram por dar indícios de como aqueles que constituem o *nós* se relacionam com os *outros*.

Pode-se dizer, portanto, que há momentos em que existe uma clara expectativa de que o pesquisador possa trazer melhorias ou benefícios para as vidas dessas pessoas, embora não seja essa a tônica do contato com a população local. A continuidade do contato dissipa a primeira abordagem, ou há um afastamento à medida que a expectativa se frustra.

As entrevistas constituem sobretudo uma oportunidade singular nas vidas das pessoas pesquisadas, a oportunidade de falar e principalmente de ser escutado. São uma prova rara do reconhecimento de sua existência por alguém que não pertence a seu mundo.

Marcar uma entrevista com antecedência, avisar sobre uma visita é ponto obrigatório no trabalho de campo, para evitar o constrangimento de "pegar" o entrevistado desprevenido, por exemplo, com a casa suja e em desordem. Não é tanto o sentido da privacidade que se põe em questão, mas o fato de que a casa é uma extensão da pessoa, um valor através do qual ela demonstra sua respeitabilidade. Por isso, é importante, mais do que em outros grupos sociais, que a casa esteja *em ordem*: faz parte da tentativa de causar *boa impressão*. Com o convívio, entretanto, esses constrangimentos vão desaparecendo, como me disse uma mulher conhecida havia alguns anos: *quero que você chegue na minha casa a qualquer hora, como se fosse a sua casa.* Para ela, ter as portas abertas era o que contava.

Cada detalhe do convívio envolve inicialmente alguma tensão, até que se esteja assegurado do porquê da presença do pesquisador. Com o tempo e o convívio, a relação fica menos tensa, sem necessidade de constantes testes e provas. O pesquisador tem de lidar com os problemas de comunicação que enfrenta qualquer pessoa estranha ao *pedaço* (Magnani, 1998), que envolvem a possibilidade de uma linguagem comum para entender o que o outro quer dizer com seu gesto ou palavra e para se fazer entender.

Escolher determinado local para a pesquisa é muitas vezes considerado uma forma de prestar atenção à sua população, o que

A FAMÍLIA COMO ESPELHO

leva as pessoas a serem receptivas. Serem escolhidos para a entrevista é visto como deferência. Retribuem, então, abrindo as portas de suas casas, quando não os segredos de suas almas. A escolha dos entrevistados também envolve um certo cuidado para não ferir suscetibilidades. Se, na prática do trabalho de campo, os critérios de seleção dos entrevistados em função do problema estudado norteiam sem dúvida nossas escolhas, o que conta decisivamente no trabalho de campo é a percepção das circunstâncias locais.

Uma moradora sugeriu-me que eu entrevistasse uma mulher que morava na sua rua e justificou: *Ela é muito boa pessoa*. A sugestão teve um duplo sentido: é necessário escolher quem passe uma imagem positiva do bairro, porta-vozes selecionados, como também significa que não se pode falar com qualquer pessoa. Os contatos com os que não são do "mundo da ordem" envolvem explicações de que não se está "traindo" este mundo em favor dos que não são considerados respeitáveis no local, de que não se está rompendo nenhum pacto anterior. O mesmo acontece em relação às facções políticas e às dissensões religiosas.

Há permanentemente um elemento de troca, um dar e receber contínuos. A relação dos moradores com o pesquisador e suas atitudes em relação à presença deste no local ajudam muito na compreensão da relação que os *pobres* têm com os *outros*, os que não consideram como *iguais*. Pode-se perceber, ao longo dos diferentes momentos da pesquisa, manifestações da multiplicidade de posturas que têm os que constituem o *nós* em relação a *eles*. Num certo sentido, a relação dos moradores com o pesquisador sintetiza a variabilidade das posturas com relação aos *outros*.

Há também, subjacente, uma deferência pela "cultura" da qual o pesquisador é portador. Os *pobres* demonstram enorme respeito pela "educação", que constitui um valor, mas que, como todo valor, é relativizado.[4] Não deixam de apontar limites, expressos numa des-

---

4. "Ter cultura", no universo dos pobres, segundo a análise de Verçosa (1985) em trabalho sobre as práticas pedagógicas escolares, refere-se a uma pessoa que domina uma significativa parte deste acervo de dados em que consiste o conhecimento, alcançado pela escolaridade, alguém que *tem leitura*. No entanto, a *boa educação* envolve ainda incorporar ao comportamento os valores morais que caracterizam a boa conduta, o que a escola se esforçará também por fazer. Isto significa que uma pessoa pode "ter cultura", mas não ser *educada*, introduzindo-se, assim, sempre pelo prisma moral, uma relativização de um dos bens que demarcam desigualdades sociais, a educação.

confiança: a sabedoria não está só nos livros, mas na prática de quem lida com a vida, na *experiência*, valor que fala mais alto; uma mulher que, em sua própria definição, lê e escreve "muito pouco", disse:

> Eu acho que ler e escrever é muito bom, mas quando a pessoa sabe ler e não sabe se dedicar a si próprio, não adianta.
>
> No meu ponto de vista é isso: não adianta eu saber ler mundos e fundos e não saber resolver problema nenhum.

Essa *experiência* é uma aprendizagem que só adquire quem *anda pelo mundo*, porque, como disse um homem que migrou para São Paulo:

> O maior professor do ser humano é o mundo. É quem nos ensina de tudo. Por mais que você aprenda, você não aprende se você não anda o mundo. Muito eu andei e muito eu aprendi.

Como é a tendência em qualquer coletividade humana, na afirmação de sua identidade, os *pobres* desqualificam e zombam do diferente. Em sua crença de que *rico* não trabalha e de que quem *tem leitura* não conhece *a vida*, criam a imagem do rico folgado e do intelectual otário, freqüentes objetos de galhofa. Se esta atitude corresponde a uma forma de autovalorização defensiva diante de bens — a riqueza material e a educação — aos quais não têm acesso, ela é a contrapartida de auto-afirmação em face da crença discriminatória dos *ricos* de que *pobre é ignorante, atrasado, não quer saber de trabalhar, não tem moral*.

Quando se faz uma pesquisa, não se pode deixar de ter presente que aqueles que são pesquisados sempre têm em relação ao pesquisador uma posição clara: quanto mais são conhecidos, mais conhecem; enfim, não se pode deixar de ter presente que se está numa relação em que os dois lados contam decisivamente. Isso significa que se aprende a conhecer os moradores locais, a diferenciá-los, a definir as próprias simpatias e desconfortos e entender suas atitudes em relação ao pesquisador: deferência, respeito, generosidade; indiferença, hostilidade; a ver como buscam se "aproveitar" do convívio com pessoas de outra condição social, um "aproveitar-se" que — depois entendi — é para eles, muitas vezes, também *obrigação* em relação aos *pobres*; ou a postura inversa, de afirmação de sua dignidade, autonomia e orgulho.

Capítulo 1

O UNIVERSO DA PESQUISA

> "Não havendo assunto pequeno, mas pequeno investigador, cada aspecto da cultura, cada ângulo da atividade humana, permite percentagem analítica bem inferior a seu volume real."
>
> *Luís da Câmara Cascudo*

    Um desencanto fundamental marca os pobres urbanos em São Paulo hoje, anos 90, retrato da derrocada da promessa de felicidade que encerrava o crescimento industrial e econômico do país, com o "progresso" que beneficiaria a todos. Desencanto pelas suas experiências de vida e pelo que devolvem a todo o país como a imagem mais visível dessa frustração. Suas vidas são o resultado da industrialização e da urbanização do país, a partir dos anos 50, e da migração que fez parte deste processo, "o sonho feliz de cidade", a promessa de dias melhores, que os trouxe para o Sul, buscando o Brasil moderno, cuja síntese perfeita estava em metrópoles como São Paulo. Sonho que forjou as periferias pobres das cidades, obrigando sua população a "chamar depressa de realidade", nas palavras de Caetano Veloso, o que se mostrou "o avesso do avesso" de seu sonho.

    Como parte do movimento mais amplo da expansão econômica do país e da reordenação social que dela decorreu, esse movimento de migração deslocou-se para São Paulo sobretudo nos eufóricos anos 60 e 70, não apenas como conseqüência da expansão da cidade de São Paulo e da intensa urbanização por que passava o país, mas como resultado de um processo de transformação do sistema econômico e social que afetou tanto a cidade como o campo, redefinindo as relações sociais em todo o país.[1]

A pesquisa de que resultou este trabalho desenvolveu-se em um dos muitos bairros que se expandiram como conseqüência deste intenso processo de deslocamento da população trabalhadora do país. É o resultado de um contato de muitos anos. Conheço desde 1979 alguns dos moradores da localidade pesquisada, um bairro em São Miguel Paulista, na zona Leste da cidade de São Paulo. De 1979 a 1981, lá estive a trabalho, para minha dissertação de mestrado sobre as mulheres pobres (Sarti, 1985a), como já foi dito. Fora retornos esporádicos, voltei depois de alguns anos, em 1988, para recomeçar o trabalho de campo. Desta vez, para a tese de doutoramento.

No trabalho anterior, fiz uma descrição detalhada do cotidiano do bairro, sua história e caracterização socioeconômica da população (Sarti, 1985a). Pretendo aqui retomar apenas algumas características da população local, para ressaltar o impacto que me causou a volta ao bairro depois de alguns poucos anos, permitindo ao leitor visualizar a quem se refere a reflexão que se segue.

O projeto de *melhorar de vida*

Como a maior parte dos pobres que vivem hoje em São Paulo, a população adulta do bairro é, em sua maioria, migrante, sobretudo nordestina. Quanto mais aumenta a idade, maior a probabilidade de que o morador seja migrante. As crianças e hoje também os adolescentes já são em sua grande maioria nascidos em São Paulo,

---

1. Essa corrente migratória, como parte de um processo de âmbito nacional, foi analisada por Durham (1978), num trabalho clássico sobre os pobres e exemplar na tentativa de articular a particularidade de seu lugar social com a sociedade mais ampla. Quanto à expansão específica da cidade de São Paulo, a literatura é extensa. Sobre a formação da periferia de São Paulo como uma saída para o problema da habitação popular, dentro do processo de expansão da cidade, ver Kowarick (1979) e Bonduki (1983 e 1988).

dada a diminuição do movimento migratório. Este é, portanto, um bairro de velhos e adultos migrantes, muitos de origem rural, e de jovens e crianças nascidos e criados em sua maioria na cidade de São Paulo.

O bairro começou a se expandir efetivamente a partir dos anos 70. Em 1980, ainda não fazia dez anos que a grande maioria dos habitantes locais (92,1%) lá se havia instalado (Caldeira, 1984; Sarti, 1985a). No retorno ao bairro, entrevistei muitos dos maridos e filhos das mulheres antes entrevistadas. Voltei a famílias que se haviam desfeito, a outras em que os filhos cresceram e que acabaram por ser incluídos na pesquisa.

No começo dos anos 80, a maior parte das mulheres era migrante e tinha seus filhos pequenos. Agora, retornando a essas famílias, pude ver os filhos criados em São Paulo, essa geração que cresceu na periferia urbana, e comparar seus padrões de comportamento, permanências e mudanças. Alguns ainda estão solteiros, outros casados, como tantos, pela segunda ou mais vezes. Há ainda entre os entrevistados mães solteiras, viúvas, com e sem filhos, homens e mulheres em arranjos familiares diversos e em diferentes posições dentro do grupo familiar: pai, mãe, filho e filha. São católicos ou pentecostais (de diversos credos). De resto, seguem as outras conhecidas características da população da periferia, profissões desqualificadas, rendimentos baixos e instrução precária (sobretudo os mais velhos).

No início dos anos 80, o bairro correspondia à franja da cidade de São Paulo. Nos últimos anos, expandiu-se à sua volta um aglomerado de casas construídas em terrenos invadidos, a "favela", deslocando, portanto, a margem da cidade. Alguns dos entrevistados moram nessa parte do bairro, que começou a se expandir nos anos 70; vivem em casa própria com terreno próprio, ou casa alugada. Outros moram na favela, em casa própria e terreno invadido.

Diante da favela contígua, a população local pensa o bairro hoje como um lugar intermediário, numa relação segmentar e hierarquizada do espaço da cidade. Valladares (1991) comenta o processo de periferização das metrópoles brasileiras, que se consolida na década de 1970, deslocando a pobreza urbana das favelas para as margens das cidades. Segundo a autora, "esta nova territoriali-dade da pobreza colocou em evidência o chamado 'morador da periferia', em detrimento do 'favelado', reificado pela teoria da marginalidade e até então reconhecido como o pobre por excelên-cia" (1991:104). Por essa expansão constante da cidade, a emergên-cia do "morador da periferia" como uma categoria que define o pobre não substituiu, mas redefiniu o sentido do termo "favelado", que passou a ser "mais pobre" do que o pobre/morador da perife-ria, constituindo uma importante referência para a diferenciação interna nesta localidade.

Além da presença da favela, que deslocou o "pior lugar da cidade" para além do bairro, redefinindo em termos relativos a po-sição em que se vêem os moradores, efetivamente ocorreram me-lhorias no local, relativamente ao que ele era há dez anos, sobretu-do quanto à infra-estrutura urbana, bens de consumo coletivo e aos bens de consumo nas casas. Isso evidencia que, apesar da forte recessão econômica, a década de 1980 não foi assim tão "perdida".[2] As mães não se preocupam tão angustiadamente com a volta de seus filhos e filhas para casa depois da escola noturna. Há luz nas ruas. Uma ocasião, num dia de muito calor, com a minha chegada imprevista, a pessoa que eu visitava fez o filho comprar refrigeran-te na padaria próxima, para me oferecer, possibilidade antes inexis-tente. Açougue, farmácia, supermercado estão agora ao alcance sem grandes deslocamentos. Abriram-se novas vias de acesso ao bairro, onde os carros e ônibus circulam sobre o asfalto e os pedestres an-dam sobre calçadas, rompendo o confinamento tantas vezes antes expresso numa sensação de fim de linha...

As possibilidades de consumo ampliaram-se relativamente ao que era antes pela própria expansão da sociedade de consumo que, num mecanismo de "participação excludente", reserva uma fatia de seu mercado à população de baixa renda. Como argumenta Durham (1984), esses novos padrões de consumo são vividos pela população pobre, especialmente a de origem rural, como melhoria

---

2. A idéia dos anos 80 como uma "década perdida" aparece numa linha de pesquisas sobre os pobres que analisa a relação entre trabalho, pobreza e família. Ver Lopes e Gottschalk (1990) e Telles (1992). Para uma relativização desta idéia, ver Tavares (1991) e Moraes (1993) e, ainda, a análise de Faria (1992) sobre a conjuntura social brasileira.

de vida. Tal percepção situa-se mais amplamente dentro da perspectiva de vida dos moradores da periferia urbana, cuja existência é motivada por esse projeto de *melhorar de vida*, que envolve o grupo familiar em seu conjunto (Durham, 1988).

Se o desemprego e as situações imprevistas levam os projetos familiares a serem constantemente refeitos, se os filhos não estão estudando como seria desejável, se sacrifícios com os quais não se contava podem estar em curso dentro das inúmeras "estratégias de sobrevivência" dos pobres urbanos, descritas pelas ciências sociais (Bilac, 1978; Macedo 1979; Woortmann, 1984), o bairro obteve visíveis melhorias quanto a bens de consumo coletivo, como resultado do impacto de lutas sociais de bairro nesta década em que novos atores políticos entraram em cena.

Neste bairro, particularmente, serviços públicos como um Posto de Saúde (estadual) e uma creche (municipal) foram instalados a partir de movimentos femininos. A pressão da população local junto aos órgãos públicos efetivamente teve efeito favorável à instalação desses serviços, num momento — começo dos anos 80 — em que essas questões ocupavam a agenda política. Aliás, entre os ganhos da década de 1980 está indiscutivelmente a experiência democrática vivida nas diversas instâncias da vida política do país, que fez aumentar o poder de pressão da população pobre das periferias urbanas.

As mudanças ocorridas na região confirmam a idéia, expressa por seus moradores, da transformação da periferia como um processo constante, tanto no espaço físico que se expande, como na perspectiva de seus habitantes de melhorar progressivamente sua vida, continuando esse projeto familiar que se iniciou desde o momento em que eles ou seus pais resolveram migrar.

A expectativa de melhorar de vida está relacionada à condição de migrante, constituindo o *leitmotiv* de migrar. Em termos de suas histórias familiares, os moradores desse bairro falam da percepção de uma mobilidade social em relação à geração que os precedeu, no sentido de que tiveram acesso a recursos inexistentes em seus locais de origem, sobretudo no que se refere às oportunidades de trabalho, de consumo e de educação para seus filhos encontradas na cidade. Seguindo o padrão típico da localidade, o de ter origem migrante e viver a expansão familiar em São Paulo, uma das entrevistadas, nascida em Alagoas, conta que diz para as filhas, nascidas e criadas em São Paulo:

> Mesmo com a vida que a gente leva, é bem melhor do que aquela vida que eu levei, porque eu tinha tanta vontade de estudar, era curiosa em muitas coisas e não consegui...

Além de aparecer nas famílias pobres de origem rural, essa idéia de uma mobilidade em relação às oportunidades apresentadas às gerações anteriores surge também entre as famílias paulistanas, à medida que se associa às possibilidades do meio urbano.

Não há dúvida de que se trata de uma melhoria relativa. Sabe-se que as possibilidades de *melhorar de vida* esbarraram nos limites da recessão econômica, agravada desde o início dos anos 80. As conjunturas de recessão, no entanto, apenas acentuam, muitas vezes gravemente, o que é a instabilidade estrutural do emprego para os pobres.

Se hoje a população das periferias urbanas conta com água, luz, esgoto e asfalto em um número cada vez maior de casas e ruas, também afetam esses moradores, como a todo pobre urbano, o desemprego e a diminuição do valor real dos salários, com a conseqüente diminuição da renda familiar — o que obriga a incorporação de mães e filhos à força de trabalho em momentos não desejados, sacrificando os cuidados maternos e contrariando, assim, valores que lhes são caros —, além das constantes ameaças de violência que pairam sobre seu cotidiano.

As dificuldades encontradas na cidade para estudar desencorajam o projeto de ascensão social através da educação. Como raramente os migrantes vindos da zona rural dominam a leitura e a escrita, pensadas como o instrumento de adequação aos códigos urbanos, essa esperança é depositada nos filhos, como mostrou recentemente, entre outros, o trabalho de Costa (1993). As dificuldades enfrentadas na cidade, onde se integram como pobres, e o desencanto das promessas não cumpridas levam à idealização do passado e à construção do sonho de *voltar para o Norte*.[3]

---

3. Costa (1993) fala analogamente da reconstrução mítica da "comunidade rural" entre os bóias-frias, migrantes que vivem nas periferias urbanas do interior paulista.

Focalizamos, portanto, um segmento da população que vive num bairro da periferia de São Paulo, situado numa das regiões mais pobres da cidade. Os moradores deste bairro definem-se como *pobres* e *trabalhadores*, em oposição aos *ricos*, categoria que engloba diferenciações tais como os *patrões*, os que moram no *centro*, os *estudados* e que, por fim, se refere propriamente ao padrão de consumo que lhes é negado. Diferenciam-se, entretanto, de *outros* pobres, por terem casa própria. Pode ser um barraco, mas é *seu* barraco. São proprietários, o que não quer dizer necessariamente estabilidade econômica, mas é a marca de uma importante distinção simbólica, a realização de um valor social tipicamente burguês por eles compartilhado, de acordo com o mundo regido pela lógica do mercado, mas cujo significado não se esgota aí.

Foi a possibilidade de *comprar um terreno e levantar um cômodo* o que levou os migrantes, nos eufóricos anos 60 e 70, a esses bairros longínquos, sem infra-estrutura urbana e sem certificado legal de propriedade dos terrenos que, por essas razões, tinham preço acessível. Perseguiam a realização do sonho da casa própria, o conhecido projeto que, junto à criação de uma família — uma vez que casa e família são projetos que só fazem sentido quando combinados um ao outro (Woortmann, 1982; Sarti, 1985a) —, constitui um projeto central da existência dos trabalhadores que se estabeleceram na cidade (Durham, 1978; Macedo, 1979; Caldeira, 1984; Costa, 1993) e que os diferencia de *outros* pobres, *os que não têm nada, os pobres mesmo*.

Ainda que os pobres estejam em toda a parte nas grandes cidades, eles concentram-se na *periferia*, criando um espaço próprio, reconhecido como o seu lugar nas cidades, onde se pode observar e identificar mais claramente sua maneira de viver, diferente dos moradores das regiões centrais. Como já demonstrou a literatura sobre os pobres urbanos, o local de moradia, através das relações sociais que nele se desenvolvem, constitui a base de uma identidade coletiva (Magnani, 1998, Caldeira, 1984; Zaluar, 1985; Durham, 1988).

Os migrantes que vivem nas periferias urbanas são um grupo social com fronteiras imprecisas, ao contrário dos grupos étnicos que, ao chegarem no novo lugar de moradia, se estruturam em torno de uma identidade comum, construída com elementos que já traziam em sua bagagem. Essa identidade é criada para os migrantes na periferia, o lugar dos pobres na cidade, daqueles que vieram de muitos pontos diferentes, comportando muita heterogeneidade, mas construindo uma referência básica comum em torno do local de moradia. Quando seus problemas de adaptação na cidade já estão relativamente assentados, os migrantes enfrentam, como qualquer nativo da cidade, o problema de serem pobres. Sua origem, embora marque sua existência, passa a ser secundária, porque o que conta agora é o que a cidade lhes oferece.

Se acentuei o impacto das mudanças e melhorias na vida dos moradores das periferias urbanas é porque me parece importante para sua definição de *pobres* no mundo urbano, particularmente na cidade de São Paulo, já que esta definição comporta uma ambigüidade: eles vivem num dos pólos mais modernos e desenvolvidos do país e nele trabalham. Defrontam-se, portanto, cotidianamente com as possibilidades deste mundo, sem que, entretanto, a elas tenham acesso, precisamente porque são *pobres*. Nesta ambigüidade, neste querer-e-não-poder, os pobres estruturam sua identidade social e constroem seus valores, procurando retraduzir em seus próprios termos o sentido de um mundo que lhes promete o que não lhes dá.

Capítulo 2
OS POBRES NAS CIÊNCIAS SOCIAIS BRASILEIRAS

> "Para afirmar ou negar uma tese, a história do homem encarrega-se de comprovações inesgotáveis".
>
> *Luís da Câmara Cascudo*

Muitas coisas foram ditas e escritas sobre os pobres e muitas categorias usadas para defini-los, cada uma correspondendo a uma maneira de vê-los. Nas diferentes imagens que foram construídas pelas ciências sociais brasileiras, percebe-se uma identificação por contrastes, fazendo dos pobres um "outro", que muitas vezes diz mais de quem fala do que de quem se fala, num mecanismo de tipo projetivo.

Na análise dos pobres na literatura brasileira, Bosi (1983), comentando *Vidas secas* de Graciliano Ramos, destacou o olhar crítico do autor que, ao descrever a "carência" do iletrado, denunciou o "vazio", o "oco" do discurso do letrado, instrumento de sua dominação. Ao descrever o migrante, falou do outro, que o oprime. Partindo da idéia da carência, o autor construiu uma visão do migrante nordestino na qual estava pressuposta a modéstia de sua vida simbólica, a partir da modéstia de seus meios de vida. Esse romance, escrito em 1937, antecipou uma visão crítica do pobre, a partir da denúncia dos instrumentos de dominação da sociedade de classes, que teve ampla repercussão nas ciências sociais, sobretudo nos anos

60 e 70, no país já industrializado e politicamente marcado pelo golpe de 1964.

O pressuposto da falta estava implícito, numa visão do pobre marcada pela crítica da sociedade que me parece ser ainda a tônica na literatura. Falou-se mais da pobreza do que do pobre; ao se denunciar o sistema, elidiu-se o sujeito. Se a carência material não é mais suficiente como critério de definição do que é ser pobre, pela crítica amplamente difundida aos limites da perspectiva puramente econômica, há uma tendência a considerar a pobreza como ausência de direitos, ou seja, na relação entre pobreza e cidadania. Assim, mudou-se o eixo de definição da condição social dos pobres, mas manteve-se a falta como referência, apesar das críticas neste sentido feitas por Sader e Paoli (1986), para quem a literatura mais recente sobre as "classes populares" insurgiu-se contra a produção acadêmica forjada a partir de uma representação negativa dos pobres, incapazes de se pensarem homogeneamente, como "classe". A meu ver, esta representação negativa ainda se mantém, em outro referencial. Se antes o referencial de falta na análise dos "pobres" estava na "consciência de classe", agora se encontra na noção de "direitos de cidadania".

Na visão sociológica sobre os pobres, sobretudo a partir dos anos 60, prevaleceu essa tendência a defini-los por uma negatividade, como o avesso do que deveria ser. Aliás, essa perspectiva do "dever ser" marcou significativamente esta literatura. Com uma ênfase ora econômica, ora política, definiu-se a condição social dos pobres a partir da exploração do trabalho pelo capital e, mais recentemente, pela ausência de reconhecimento de seus direitos de cidadania. Nesta perspectiva, o resultado acaba sendo a desatenção para a vida social e simbólica dos pobres no que ela representa como positividade concreta, a partir da qual se define o horizonte de sua atuação no mundo social e a possibilidade de transposição dessa atuação para o plano propriamente político.[1]

---

1. No que se refere a São Paulo, cabe ressaltar, como exceção, o trabalho de Cândido (1987) sobre o "caipira", publicado originalmente em 1964, e o de Durham (1978) sobre o "migrante". Não por acaso, estes trabalhos não foram discutidos pela literatura que os sucedeu, na medida de suas significativas contribuições. Ambos exemplificam uma perspectiva de análise na qual a experiência de vida do pobre aparece como dimensão positiva, ou seja, retratando-o como ele é, não como o avesso do que deveria ser.

O paradigma da produção

As ciências sociais brasileiras, sobretudo a partir dos anos 70, focalizaram os pobres a partir de seu lugar na produção, sem considerar as implicações da peculiaridade na qual se construiu este lugar no Brasil. Não se tomou como problema o fato de que, num país considerado, nos tempos coloniais, o "berço da preguiça", onde o ócio era tido como marca de prestígio (Araújo, 1993), construiu-se uma ética do trabalho a partir de uma experiência histórica "familista" e escravocrata, distante daquela fundada no valor protestante do trabalho como atividade, em si, redentora, analisada no estudo clássico de Max Weber (1967).

Os pobres foram erigidos em categoria sociológica como "os trabalhadores", e o foco voltou-se para a "razão prática" — reificada e não tomada, ela mesma, como uma forma de simbolização, como apontou Sahlins (1979) — que os levava à (in)satisfação de suas necessidades. Em sua análise dos discursos sobre os pobres no Brasil, elaborados desde a virada do século XX, Valladares (1991) mostrou como, à medida que a explicação da pobreza social passou a ser posta no sistema e não mais no indivíduo, os pobres deixaram de ser os "vadios", para se tornarem os "desempregados" ou "subempregados", "marginais". Quando, na crítica ao dualismo e à idéia de marginalidade, as ciências sociais dos anos 70 passaram a identificar qualquer atividade econômica como trabalho, sem distinção entre mercado formal e informal, ambos considerados como parte da divisão social de trabalho, desfez-se a oposição "pobre" (antes, o "marginal") *versus* "trabalhador", com a conseqüente identificação desses dois termos. Os pobres, categoria estigmatizada como "classe perigosa" pelos grupos dominantes, passaram a ser definidos e identificados nas ciências sociais como os "trabalhadores".

A partir dos anos 70, essa identificação foi reforçada pela percepção dos pobres como sujeitos políticos. A pobreza como problema social levou a uma reflexão crítica da sociedade e, nessa perspectiva, os pobres foram pensados como os agentes da transformação social, a partir da noção de classe. Identificados com "os trabalhadores", os pobres passaram a constituir a "classe trabalhadora", sendo, então, definidos fundamentalmente por sua forma de inserção na produção. O trabalho, concebido como o eixo de definição social dos sujeitos, constituiu a principal categoria através da qual foram pensados os pobres nas ciências sociais brasileiras nos anos 70.[2]

O trabalho tornou-se, assim, uma categoria essencial de análise no Brasil que se modernizava, depois do "boom" industrial dos anos 60. Para as ciências sociais brasileiras, nos anos 70, a preocupação fundamental era o projeto de democratização do país, sintetizado no seu acesso à modernidade. Os pobres urbanos eram, então, os trabalhadores desse país que se modernizava.

Dentro do mesmo paradigma, foi também a referência ao trabalho que legitimou a volta do interesse pela temática das relações familiares nos anos 70. Seguindo a ótica da produção, a família tornou-se objeto de estudo a partir da análise de sua funcionalidade para o capital, como unidade de reprodução da força de trabalho. De acordo com a mesma tendência, a análise da força de trabalho feminina, a partir da posição da mulher na sociedade de classes, introduziu o tema da mulher nas ciências sociais.[3] Os estudos sobre mulher e família, entretanto, mostrando as diferentes formas de inserção de todos os membros da família no mercado de trabalho, contribuíram ao mesmo tempo para ampliar a noção de "trabalhador", articulando-a aos papéis familiares e introduzindo a noção de divisão sexual do trabalho (Pena, 1980a e 1981; Hirata e Humphrey, 1983; Sarti, 1985b). Foi nesse contexto que se desenvolveu, nas ciências sociais, a reflexão sobre a família entre os pobres.

A tendência a pensar os pobres a partir da produção revelou a concepção do homem como *homo economicus*, própria de uma perspectiva sociológica, de inspiração marxista. Os pobres, nessa perspectiva, identificados como destituídos de meios materiais, vende-

---

2. A preocupação com os pobres como sujeitos políticos estendeu-se aos anos 80 com a ênfase nos movimentos sociais que surgiram nessa década, deslocando-se das fábricas para os locais de moradia. O interesse surgiu diante da emergência de novos atores políticos, cuja ação não tem mais como substrato apenas a inserção na produção, mas o chamado mundo da reprodução. Ver Durham (1984).

3. Ver os trabalhos pioneiros de Moraes (1976) e Saffiotti (1976) como casos exemplares. Para uma crítica da abordagem marxista, ver Stolcke (1980). Pena (1980a) e meu trabalho anterior (Sarti, 1985b) fazem, entre outros, a resenha dessa literatura.

dores de força de trabalho, foram olhados apenas em sua condição de dominados. Corporificando a carência material, eles foram mecanicamente destituídos de recursos simbólicos (como se à opulência no mundo capitalista correspondesse riqueza simbólica).

A lógica capitalista, entretanto, não esgota a análise dos trabalhadores pobres, mesmo em suas relações de trabalho. Como argumentarei adiante, o mundo do trabalho no Brasil constituiu-se dentro de um universo social onde as relações capitalistas se entrecruzam com os traços escravistas e clientelistas de nossa formação histórica. Essa característica do trabalho no Brasil reflete-se na identidade entre *pobre* e *trabalhador*, reconhecida pela literatura. O que essa literatura "produtivista" não diz é que tal identidade, na qual se reconhecem os trabalhadores, implica que sua concepção do trabalho envolve referências diversas das que constituem a lógica mercantil do mundo capitalista.

Os pobres foram pensados, nessa perspectiva "produtivista", a partir de uma visão na qual, no entanto, eles próprios não se reconhecem, o que foi considerado marca de sua "alienação" ou "falsa consciência". Em outras palavras, os pobres foram pensados como se sua identidade social fosse ou devesse ser construída exclusivamente a partir de sua determinação de classe, ou, de um outro ponto de vista, como se suas ações fossem ou devessem ser motivadas pelo interesse em satisfazer suas necessidades materiais, uma vez que eles foram definidos por essa carência básica. A determinação de classe dos pobres que vivem na cidade, embora defina sua posição estrutural na sociedade onde se inserem como pobres, não constitui a única referência a partir da qual operam e constroem sua explicação do mundo e do lugar que nele ocupam.

Embora sínteses corram sempre o risco de borrar diferenças importantes, eu incluiria nessa corrente "produtivista", de um lado, a já mencionada tendência a pensar os pobres predominantemente em sua relação com o trabalho, numa redução que, além de fazer do trabalho o tema mais "legítimo" de estudo sobre os pobres, torna a força de trabalho o instrumento, por excelência, de identificação do pobre como sujeito social. De outro lado, a ótica da produção está presente, ainda, em pesquisas sobre a família trabalhadora, não apenas nas que a pensaram como "reprodução da força de trabalho",[4] mas também naquelas que a analisaram a partir de suas "estratégias de sobrevivência". Essas acabaram também reduzindo a família a um "arranjo" para a sobrevivência material, concebendo a família como uma unidade de consumo, o que remete ao processo de produção num sentido mais amplo.

As pesquisas sobre "estratégias de sobrevivência" surgiram em fins dos anos 70, influenciadas pela crítica de Durham (1980) à abordagem marxista que tendia a conceber a família como instância ideológica, mera reprodutora de relações sociais de dominação, sobretudo através de sua função de socialização. Ainda que tenham representado um avanço em relação às análises anteriores, no sentido de tratar a família como uma esfera social que tem dinâmica própria e não apenas "traduz" mecanismos sociais que lhe são externos, conforme assinalou Pena (1980b), as pesquisas que analisaram a família a partir de suas "estratégias de sobrevivência" continuaram situando-se dentro do paradigma da produção, entendida como processo amplo, enquanto a dimensão simbólica, incorporada à análise, continuou tendo um estatuto teórico subordinado, na medida em que foi analisada na perspectiva de sua funcionalidade para a família.[5]

Valladares (1991) analisou o discurso (médico-higienista, jurídico-político) sobre o pobre que se elabora na virada do século XX com base na contraposição entre "trabalhador" e "vadio". O pobre é identificado com o "vadio" e esta categoria remete justamente ao mundo do não-trabalho: quem não trabalhasse em fábrica ou oficinas de artesãos ou nos serviços públicos, enfim, no mercado de trabalho formal, era "vadio". O pobre ou "vadio" era precisamente aquele que não se havia integrado ao assalariamento, a ordem industrial que começava a se instituir. Da mesma forma, nos anos 50 e 60, a partir de um novo discurso, o do cientista social, essa contraposição se fará em termos de "trabalhadores" *versus* "desempregados" e "subempregados":

---

4. O trabalho de Fausto Neto (1982) é exemplar dessa linha.

5. Os trabalhos de Bilac (1978) e Macedo (1979) ilustram os avanços dessa perspectiva, ao dar autonomia teórica à questão da família, descrevendo com originalidade o modo de vida das famílias trabalhadoras, mas mantendo-se dentro de uma lógica da razão prática na qual a família tem fundamentalmente um papel instrumental de "sobrevivência".

"Central era a discussão sobre a capacidade do sistema de absorver parcial ou integralmente os indivíduos enquanto força de trabalho" (Valladares, 1991:98).

A pobreza deixava, assim, de ser vista em termos morais, como prova de uma natureza ruim de sujeitos que não queriam trabalhar. A realidade do país, a partir dos anos 50, era a de um crescimento urbano no qual a expansão do emprego se mostrava insuficiente para absorver sua população, sobretudo em face da intensa migração. Ninguém mais deixava de trabalhar, por vontade própria. O sistema produtivo é que era incapaz de absorver a população:

"[...] passou-se a considerar a pobreza enquanto um fenômeno de natureza estrutural que escapava da esfera individual" (ibidem).

"Vadios", "favelados", "marginais", "subempregados", "população de baixa renda" e "morador da periferia" são as muitas designações dos pobres, de acordo com as transformações ocorridas no processo produtivo e na dinâmica da urbanização e da expansão do mercado de trabalho urbano do país. A mudança fundamental dá-se, como observou Valladares (1991), quando se introduz a palavra trabalhador para denominar aqueles que exercem atividades de natureza intermitente e esporádica. A economia urbana não absorve todos em trabalhos formais, não dá emprego, mas propicia trabalho e o "trabalho informal" é também parte da divisão social do trabalho. Acabaram-se os "marginais".

Uma linha recente de pesquisas desenvolveu-se no final da década de 1980, a chamada "década perdida", buscando analisar os efeitos da pauperização que se instaurou não apenas nos lugares onde esteve sempre presente, mas nos pólos mais dinâmicos da economia brasileira, como é o caso da Região Metropolitana de São Paulo, como efeito da recessão do início dos anos 80. Ressaltando a importância da família como lugar onde "se combinam e se socializam" os efeitos da pobreza (Lopes e Gottschalk, 1990), essa tendência centra suas análises na relação entre pobreza e família. Por mais que tenham sido discutidos os limites da renda como critério exclusivo para se determinar os níveis de pobreza, a delimitação da pobreza permanece uma questão relativa à sobrevivência material, definida a partir de dados socioeconômicos, e o eixo da análise volta-se para os arranjos familiares (da "unidade doméstica" necessariamente, neste tipo de análise) feitos para responder às adversidades do mercado de trabalho nas diferentes conjunturas econômicas. Esses trabalhos, por considerarem uma definição da pobreza a partir de uma lógica econômica, parecem deixar escapar outras questões que emergiram nessa década, tornando-a não tão "perdida", como argumentei no capítulo anterior, se outros referenciais que não as "linhas de pobreza" forem considerados, fazendo da pobreza uma categoria menos estanque e a visão dessa década menos apocalíptica.

A pobreza é uma **categoria relativa**. Qualquer tentativa de confiná-la a um único eixo de classificação, ou a um único registro, reduz seu significado social e simbólico. Apesar das conhecidas críticas ao componente reificador da noção de "cultura da pobreza" de Oscar Lewis, cabe lembrar a importância de sua advertência de que

> "[...] la cultura de la pobreza en las naciones modernas no es sólo una cuestión de privaciones económicas, de desorganización o caréncia de algo. Es también algo positivo y ofrece algunas recompensas sin las cuales los pobres dificilmente podrían sobrevivir" (Lewis, 1975: XLV-XLVI).

A pobreza tem, portanto, uma dimensão social e simbólica que define os "pobres". Dissociando-se da carência material o critério exclusivo pelo qual ela se delimita, é possível defini-la por eixos distintos, como pretendo demonstrar.

O paradigma da cultura

Uma outra concepção dos pobres urbanos privilegiou a cultura como componente simbólico da ação humana, inclusive do trabalho, visto numa outra perspective, não mais como categoria exclusiva determinante do ser social, ainda que o seja, "em última instância". Desenvolveu-se principalmente através de análises etnográficas, destacando a existência de um modo de vida (ou práticas) e de representações próprias das camadas populares. Essa

A FAMÍLIA COMO ESPELHO

tendência, produzida nos marcos da antropologia, correspondeu a uma valorização da diversidade cultural, pressupondo a unidade entre ação e simbolização humanas. Contrapunha-se às análises que, utilizando (precariamente) o conceito de ideologia, criavam uma oposição entre práticas sociais e seus fundamentos simbólicos, gerando noções como "falsa consciência" ou "alienação". Os temas privilegiados foram tanto o cotidiano, o trabalho, a família, a sexualidade, as relações de gênero, o lazer, quanto o poder, a violência ou a experiência política.[6] Essa linha de pesquisas situou-se como uma alternativa àquela literatura obcecada pelo diagnóstico, preocupada em "medir" se o pobre é "alienado" ou "consciente", como bem ressaltou Zaluar (1985).

Pode-se dizer que a afirmação de uma diversidade cultural, cujo fundamento não se reduz à determinação de classe, polemizou, então, com duas vertentes: a que ressaltava a "integração" dos pobres, "diagnosticada" na medida em que estes operavam com as categorias da ideologia capitalista dominante, inferindo-se daí o "triunfo da ideologia burguesa";[7] e, ainda, a segunda vertente da obsessão pelo diagnóstico sintetizada no pressuposto de uma homogeneidade necessária dos trabalhadores, fundamento de uma "consciência de classe" ou, pelo menos, de uma noção mais universalizante de direitos (e a surpresa diante da heterogeneidade encontrada!).[8] Nesses dois casos, como em parte significativa da literatura sobre os pobres, parece que está implícita a idéia de que os pobres pensam "errado", porque não compartilham com o pesquisador a visão crítica da sociedade. Cabe aqui lembrar os comentá-

---

6. Tendo mais uma vez presente a simplificação implícita em sínteses, que desconsideram a diversidade existente sob outros termos de comparação, podemos agrupar, nessa tendência que se desenvolveu nos anos 80 e se contrapôs à ótica da produção, os seguintes trabalhos sobre os pobres urbanos: Salem (1981), Lopes (s/d), Montes (1983), Magnani (1998), Caldeira (1984), Zaluar (1985), Sarti (1985a), Duarte (1986) e Durham (1984 e 1988), entre outros. As diferenças entre esses trabalhos, relevantes para este estudo, serão comentadas ao longo da análise.

7. É o caso do trabalho de Perlman (1977) que, por sua vez, se desenvolve em contraposição à teoria da "marginalidade".

8. O trabalho de Frederico (1979) é exemplar dessa tendência. Ver as críticas de Sader e Paoli (1986). Zaluar (1985) mostrou, em sua revisão do que dizem as teorias sociais sobre os pobres, como o processo de construção de atores políticos entre os trabalhadores urbanos é visto pela literatura, a partir de uma comparação negativa com a classe organizada.

rios de Montes (1981) sobre a crítica ao discurso populista como produtor de um "efeito de manipulação":

> "Não por acaso a idéia de manipulação vai de par com uma concepção da 'consciência' (do ouvinte, naturalmente), que, ignorante, quando não alienada ou mistificada, por graus sucessivos, poderá a um certo momento alcançar sua forma adequada, como 'consciência de classe' por exemplo, que atinge 'verdadeiramente' o real, coincidindo com esse 'real'. 'Real' que, na verdade, freqüentemente não tem outra substância senão a realidade de uma teoria, enunciada por aquele que 'sabe' à revelia daquele que 'não-sabe', embora em seu benefício" (1981:62).

Ao se pensar a diversidade cultural como alternativa a essa postura teórica — uma interpretação dogmática e equivocada do marxismo —, a dificuldade está no clássico problema dos estudos antropológicos em sociedades complexas, ou seja, o de situar a particularidade do fenômeno estudado com relação ao todo mais amplo do qual faz parte. Há o conhecido e já tão comentado risco de se conceber autonomamente a cultura, ou seja, deixando de considerar que, para se entender o significado mais amplo dos fenômenos que expressam os valores, normas e idéias que estruturam e dão sentido às experiências vividas pelos homens, nas sociedades chamadas complexas, é necessário vê-los em sua relação com as estruturas mais amplas de dominação que constituem esta sociedade, buscando as nuances, os matizes e as especificidades que dão significado a esta relação, sem reduzi-la à mera reprodução da dominação.

Em sua revisão dos conceitos de cultura e ideologia, Montes (1983) sintetiza os dois lados da questão quando faz a crítica ao dogmatismo de um certo tipo de sociologia marxista que reduz os fenômenos culturais à sua dimensão de instrumentos da dominação, à sua funcionalidade para o poder, e, ao mesmo tempo, aponta os limites de uma abordagem antropológica, que, embora analise os fenômenos culturais em sua dimensão de ordem simbólica, negligencia a dimensão política desses fenômenos, autonomizando-os e esquecendo-se de que, em se tratando de "cultura dos pobres", estes são parte da sociedade mais ampla onde, precisamente, se incorporam como "pobres".

Uns e outros

Se os pobres não são o *homo economicus* típico do sistema capitalista e tampouco formam uma cultura inteiramente autônoma, no sentido de que têm uma especificidade, uma diversidade, e são, ao mesmo tempo, parte subordinada a um todo mais amplo, mantém-se a indagação sobre como vivem e pensam. O primeiro passo para buscar essa resposta será a tentativa de quebrar a polarização entre "nós" e "eles" e pensar que, se "nós" e "eles" operamos com as mesmas categorias, isso está muito longe de significar apenas o triunfo da ideologia burguesa. Contrapor uma "cultura autônoma" à "cultura integrada" (e, portanto, "alienada") é virar o argumento pelo avesso. A afirmação da diversidade cultural implica a análise política do jogo das relações de força, porque neste jogo não se é, por definição, nem autônomo, nem dominado (ou integrado) em termos absolutos.[9]

A visão dos pobres como *homo economicus* ou, mesmo, como portadores de uma cultura autônoma reproduz na análise a polaridade socialmente instituída entre "nós" e "eles". Há o risco de que essa lógica de diferenciação, presente na visão das ciências sociais sobre os pobres, pensados como grupo subalterno que se diferencia dos dominantes, seja porque foram exclusivamente vistos como trabalhadores — "classe" portadora de um projeto de transformação —, seja porque foram vistos como parte de um outro universo cultural — "autônomos" —, acabe se revertendo no avesso das representações das elites brasileiras que ainda definem os pobres como a "classe perigosa", da qual emana todo o mal social (a sujeira, a doença e o crime). Estas nitidamente constroem o "mau pobre"; na outra versão, há a idealização do "bom pobre", como um "bom selvagem" não conspurcado por um universo cultural que não é reconhecido como seu.

As análises de Carvalho (1987) e Chalhoub (1986) mostram como a visão dos pobres como a "classe perigosa" manifestou-se

---

9. Análoga à suposição de uma produção cultural "autônoma" é a do "homem como sujeito da história", formulações que partem de eixos teóricos distintos — o da cultura e o da ideologia — mas que se equivalem, na sua pretensão de afirmar (ingenuamente) a autonomia e (onipotentemente) o controle dos sujeitos sobre a construção de sua vida.

no Brasil através dos legisladores, revelando que, na virada do século, ser pobre tornava o indivíduo automaticamente perigoso à sociedade. A pesquisa de Pierucci (1987) sobre as bases da "nova direita" mostra como essa visão ainda repercute vivamente no imaginário das camadas médias e altas da cidade de São Paulo, que identifica nos pobres o mal social, particularmente a violência, a degradação moral e a promiscuidade sexual. É uma oposição análoga àquela entre trabalhador e vadio, típica da virada do século, que subjaz à atitude tão habitual do policial que prende o sujeito sem carteira de trabalho, com toda a violência implícita neste ato.

Houve uma espécie de círculo vicioso na imagem dos pobres nas ciências sociais: ou foram desqualificados (alienados, massa amorfa) ou glorificados, numa tentativa algo ingênua de contrapor-se à sua identificação, por parte das elites, com a "classe perigosa"; assim, o pobre (tal como o negro) passou a ser detentor de uma virtuosidade, um saber ou uma sensualidade que escapavam aos outros humanos, o que acaba redundando num preconceito social (ou racial) às avessas.

Em poucas palavras, os estudos sobre a pobreza constituíram-se como crítica da sociedade brasileira. Como conseqüência, a visão do pobre que se construiu está numa relação simétrica e inversa à visão da sociedade brasileira. Num movimento pendular, o que define o "bom pobre" é a má consciência da sociedade internalizada pelos pesquisadores; inversamente, o "mau pobre" (alienado!) é produto da boa consciência (crítica!) de si.

Se os pobres são parte de um sistema mais amplo, o processo de diferenciação social torna-se um problema em si. A polarização passa a ser pensada como uma lógica social à qual "eles", como "nós", estamos expostos. Dependendo da perspectiva de quem fala, define-se quem são "nós" e "eles". Assim, a lógica da identificação e da diferenciação torna-se o problema a ser discutido, na medida em que constitui o próprio fundamento do processo de construção de identidades sociais, concebido em termos relacionais, como argumentarei no capítulo 5.

Fica a pergunta que precisa ser constantemente refeita: quem é o outro de quem? Afinal, quem são "uns" e "outros"?

A FAMÍLIA COMO ESPELHO

Valores tradicionais

Articulando-se o lugar dos pobres à totalidade da qual fazem parte, surgem outros problemas diretamente relacionados a esta pesquisa. Refiro-me em particular à questão dos valores tradicionais a eles associados, que foi analisada na literatura sobretudo como uma herança rural.[10] Em oposição a essa idéia, nas ciências sociais brasileiras dos anos 70, tornou-se difícil dizer que o universo de valores dos pobres urbanos se fundamenta em elementos tradicionais, diante do abrangente projeto de modernização em curso no país, no qual embarcaram triunfalistas as ciências sociais e onde os pobres urbanos — "os trabalhadores", "a classe operária" — eram ponta de lança. Aos valores tradicionais associavam-se as idéias de fatalismo, passividade e conformismo, cuja expressão mais clara, na literatura sobre os pobres, estava na noção de "cultura da pobreza", de Oscar Lewis (1975). Pela já tão comentada reificação contida nesta concepção dos sistemas culturais, em que os valores se apresentam carregados de um substrato inerte e permanente, as ciências sociais navegavam em sentido oposto, buscando explicar a dinâmica social em que pudessem vislumbrar o potencial político dos pobres.

Nos anos 50 e 60, acumulou-se muita e rica informação etnográfica sobre os pobres, suas formas de organização social e seus valores (tradicionais), através dos chamados estudos de comunidade, que analisavam pequenos núcleos de população, tomados como totalidades isoladas, às quais foram aplicados métodos de investigação etnográfica clássicos.[11] O problema modificou-se quando se tratou de analisar as populações pobres integrando-as à "sociedade", aquelas que povoavam as cidades, sobretudo através da migração, como parte do processo mais amplo de expansão econômi-

---

10. Essas idéias foram elaboradas inicialmente para apresentação na XVII Reunião Anual da ANPOCS, em Caxambu, em outubro de 1993, resultando no texto intitulado "O primado do mundo da casa para os pobres", discutido no Seminário Temático "A construção do público e do privado na família", coordenado por Parry Scott.

11. A crítica a estes estudos é conhecida. Como sintetizou Cândido (1987), "em seu corte descritivo mais freqüente", parecem "comprometer no pesquisador o senso dos problemas" (p. 20).

ca do país a partir dos anos 50, marcado pelas novas oportunidades propiciadas pela industrialização e pela urbanização.

Uma das preocupações das ciências sociais dos anos 60 e 70 foi mostrar a exploração a que a já consolidada expansão capitalista, nos moldes em que se deu no Brasil, havia submetido as populações trabalhadoras. Essa preocupação relacionava-se com o projeto de democratização da sociedade e do Estado no Brasil, voltado para as condições de integração dessa sociedade à modernidade, expressa no desenvolvimento urbano-industrial.

O livro de Perlman (1977) é exemplar dessa perspectiva, contribuindo para destruir o mito da marginalidade ao permitir pensar os pobres como parte constituinte e necessária deste processo de expansão econômica, na forma como aconteceu no país e, ao mesmo tempo, dando subsídios para pensar o lugar dos pobres — não os "marginais", mas os "integrados" e necessários ao padrão de acumulação que se estabelecia no Brasil.[12]

Os padrões de comportamento urbanos explicavam as práticas e representações dos pobres, que povoavam principalmente as favelas. Na tentativa de deslocar a explicação da dicotomia rural-urbano e na crítica ao dualismo dos "dois Brasis", os traços culturais que marcavam os pobres eram interpretados como retraduções, respostas "adequadas" à exploração a que se submetiam como trabalhadores na nova ordem urbano-capitalista, tendo como eixo de explicação a relação capital-trabalho. Criticava-se o ranço evolucionista implícito na idéia de "sobrevivência" de um passado rural, argumentando que os valores tradicionais não encontravam suporte no novo ambiente urbano. O Brasil não era dual, mas desigualmente integrado ao capitalismo.[13] Nesta perspectiva, Cardoso (1978) declarava:

---

12. Os comentários de Fernando H. Cardoso no prefácio ao livro de Janice Perlman sintetizam as preocupações que marcaram as ciências sociais dos anos 70, no que se refere aos pobres. Tratava-se de "mostrar que o favelado não é política e economicamente marginal, mas sim um ser socialmente reprimido e explorado. A superação da teoria da marginalidade associa-se às críticas pioneiras feitas na década de 1970 por Paoli (1974) e Kowarick (1977). Woortmann (1987), tendo já como pressuposta a superação desse paradigma sociológico, discute, entretanto, a questão da auto-imagem do pobre como "marginal", "aqueles com quem ninguém se importa", o que chama de "marginalidade subjetiva".

13. A crítica à razão dualista de Francisco de Oliveira (1977) marcou a reflexão desta época.

"Recusamos, portanto, qualquer pretensão de identificar sobrevivências do mundo rural entre esta população de urbanização recente. Valores e normas de comportamento não se perpetuam senão pela sua própria renovação" (1978:39).

Estava implícito nesde projeto modernizante o desejo de livrar o país dos seus traços arcaicos, pensados como marcas inelutáveis do conservadorismo e do autoritarismo de nossas instituições. Com isso, toda a expectativa de mudança, no sentido da democratização das relações sociais, passava pela necessária integração ao pólo moderno do país. O ideal modernizante que marca as ciências sociais brasileiras, na recusa a tomar como problema a análise dos traços "arcaicos" que marcam nosso sistema simbólico, remete-nos à indagação de Da Matta (1979):

"Seremos um povo contraditório, incapaz de reconhecer nossos níveis de irracionalidade; ou uma sociedade que privilegia alguns dos seus aspectos e os toma como veículos para a construção de sua auto-representação?" (1979:143).

Estudos mais recentes que incorporam e ressaltam os valores tradicionais como marcas dos pobres urbanos vão além do eixo explicativo da relação capital-trabalho. Ao contrário de Cardoso (1978), Zaluar (1985) acredita que a ética do trabalho, para os trabalhadores urbanos que estuda, não advém do valor moral da atividade em si, mas do papel de provedor da família que tem o trabalhador, configurando, portanto, uma "ética de provedor". Em seguida, argumenta que o "ethos" masculino, a moral do homem,

"[...] torna qualquer ferida na dignidade do trabalhador difícil de ser aceita" [e] "clama pela democratização das relações de trabalho" (Zaluar, 1985:145).

A sugestiva formulação de Zaluar (1985) da "ética do provedor" dos trabalhadores urbanos aponta para importantes implicações na sua concepção das relações de trabalho, como discutirei adiante. Embora não use esses termos, a autora mostra que essas relações têm como referência um código hierárquico e relacional que, no entanto, não se coaduna com a idéia de "democratização das relações de trabalho", pelo menos não sem a explicitação das diferenças entre a concepção hierárquica implícita na "moral de homem" e os valores igualitários pressupostos na noção de "democratização das relações de trabalho".

Duarte (1986) explica os valores hierárquicos dos pobres em termos da oposição entre individualismo-hierarquia, proposta na análise de Dumont.[14] Por mais ricas que possam ser as possibilidades contidas nas formulações de Dumont, a afirmação do padrão cultural fundamentalmente hierárquico dos pobres urbanos — afirmação com a qual concordo — não se sustenta, a meu ver, apenas por sua proposta teórica, sem uma referência à nossa complexa formação histórica.

O trabalho de Durham (1978) contribui para analisar essa questão. A autora mostrou como a migração, enquanto um processo de integração dos trabalhadores rurais ao sistema urbano-industrial, se deu pela mobilização de recursos provenientes dos grupos de relações primárias do migrante, particularmente o grupo doméstico e a família, esta última sendo a instituição que se propõe a interpretar e traduzir o mundo urbano para o imigrante recém-chegado.[15] Ao mesmo tempo, essa população, cuja possibilidade de migrar é dada pela rede familiar e que chega a São Paulo trazendo em sua bagagem traços rurais, tradicionais, patriarcais, todos esses "ais" tão "inadequados" ao gosto das modernas ciências sociais da época, vem para integrar-se ao Brasil moderno, cuja síntese perfeita se encontra na cidade de São Paulo. Como as ciências sociais, o migrante queria ser moderno, alimentando-se com a idéia de *melhorar de vida* que motivou seu árduo deslocamento.

No entrecruzamento de um processo de determinações muito mais amplas, mas viabilizado pela rede familiar, deu-se a vinda e o estabelecimento dos pobres/migrantes na cidade de São Paulo. Nesse processo de muitas faces, que escapa a seu controle, os pobres são expulsos de seu lugar de origem, conseguem se deslocar

---

14. Ver DUMONT, Louis. *Homo hierarchicus*. Chicago: The University of Chicago Press, 1974 (original francês publicado em 1966 pela Éditions Gallimard).

15. O trabalho de Costa (1993), cuja pesquisa foi feita em fins dos anos 80, confirma a análise de Durham (1978) sobre a importância da rede de parentesco para a integração no meio urbano.

graças à rede de obrigações com seus pares, baseada num padrão tradicional de relações, mas se alimentam da promessa de felicidade no moderno mundo urbano. Enredados nos fios que os unem a seus iguais, desejam também *subir na vida*, ancorando-se no valor individualista da mobilidade social, virtualidade dos sistemas capitalistas. Assim, funda-se a ambigüidade que marca os pobres urbanos, revelando uma identidade social híbrida, mesclada em sistemas de valores distintos, que não foram por eles elaborados, mas que são próprios da complexidade do meio urbano onde se integraram como "pobres".

A incorporação de novos padrões de comportamento não está, assim, associada à negação dos padrões tradicionais, pela sua ressonância no meio urbano, onde continuam a ser suporte de relações sociais. Na tentativa de realizar seus planos e satisfazer suas necessidades e aspirações, os pobres na cidade continuam recorrendo à rede de relações pessoais que se mantém atuante no meio urbano. Não são sobrevivências do mundo rural, mas parte estruturante das relações sociais também na cidade. Como demonstrou Durham (1978),

> "Não é por ser portador de uma cultura personalista, nem por conservar padrões de conduta tradicionais que o migrante não participa ativamente de formas de associação especializadas e impessoais, de cunho reivindicativo"(p. 221).

Os padrões que se "revolvem em torno de relações pessoais" e que a autora reluta em aceitar como "tradicionais", quando me parece que de fato correspondem a padrões tradicionais de relações sociais,

> "[...] constituem, na verdade, o único modo através do qual o migrante consegue desviar para si alguns dos recursos existentes, dadas as características da ordem institucional vigente" (Durham, 1978:221).

Embora o trabalho seja o instrumento de integração ao meio urbano, a migração a que são lançados os pobres — por razões que lhes escapam inteiramente — não se viabiliza nem se sustenta como processo social sem essa rede de relações, com base na família e na localidade. A migração constitui, neste sentido, um processo privado, assegurado por um sistema de lealdades pessoais e familiares.

CYNTHIA ANDERSEN SARTI

Reduzindo o projeto de ascensão social do migrante a um "projeto de consumo", Durham (1978) atribui a importância do grupo familiar à sua posição como unidade de consumo, em contraposição ao caráter individual da participação no mercado de trabalho. Com isso, limita as possibilidades contidas no traço fundamental que seu próprio estudo revelou: a importância da família para os pobres urbanos como componente estrutural de seu lugar no mundo social. A autora observa, sem, contudo, atribuir a essa observação o poder explicativo que me parece nela estar contido, que

"[...] esta importância é tanto maior porquanto não existem outras instituições que realizem de modo eficaz esta mediação do indivíduo com a sociedade mais ampla" (Durham, 1978:220).

As implicações dessa afirmação merecem reflexão. A importância da família para os pobres está relacionada às características de nossas instituições públicas, incapazes de substituir as funções privadas da família.[16] Num país onde os recursos de sobrevivência são privados, dada a precariedade de serviços públicos de educação, saúde, previdência, amparo à velhice e à infância, somados à fragilidade dos sindicatos e partidos políticos como instrumentos de mediação entre o indivíduo e a sociedade, enfim, diante da ausência de instituições públicas eficazes, como salientou Durham, o processo de adaptação ao meio urbano e a vida cotidiana dos pobres, inclusive dos nascidos na cidade, é estruturalmente mediado pela família. Suas relações fundam-se, portanto, num código de lealdades e de obrigações mútuas e recíprocas próprio das relações familiares, que viabilizam e moldam seu modo de vida também na cidade, fazendo da família e do código de reciprocidade nela implícito um valor para os pobres.[17]

A família não é apenas o elo afetivo mais forte dos pobres, o núcleo da sua sobrevivência material e espiritual, o instrumento

---

16. Essa questão foi retomada recentemente por Telles (1992), afirmando que "Mais do que apego a tradições persistentes, a valorização da família soldada por suas hierarquias internas traduz o fato muito concreto de que a sobrevivência se ancora nos recursos pessoais e nas energias morais que ela é capaz de mobilizar" (p. 320).

17. Na afirmação do caráter estrutural de aspectos não-capitalistas da realidade brasileira, Lanna (1995) analisa as relações de troca num município nordestino (Rio Grande do Norte), utilizando-se também da noção de reciprocidade como um princípio estrutural.

através do qual viabilizam seu modo de vida, mas é o próprio substrato de sua identidade social. Em poucas palavras, a família é uma questão ontológica para os pobres. Sua importância não é funcional, seu valor não é meramente instrumental, mas se refere à sua identidade de ser social e constitui a referência simbólica que estrutura sua explicação do mundo. Como as espécies animais no totemismo, de acordo com a análise de Lévi-Strauss (1986), a família para os pobres é "boa para pensar".

A análise desta pesquisa incide sobre a família e o trabalho, temas caros aos que pensam a existência dos pobres a partir de suas condições materiais. A idéia de manter esses temas e não focalizar outros, não tão diretamente ligados à existência material (a "cultura popular", os ritos religiosos, por exemplo), tem por objetivo mostrar que é possível ver essas questões sob outro prisma, porque mesmo os níveis mais elementares das necessidades materiais (a "infra-estrutura") são estruturados dentro de uma situação simbólica. Como argumentou Sahlins (1979), a razão prática constitui ela mesma uma razão simbólica, mas não a única razão que move os homens, mesmo nas modernas sociedades capitalistas.

A intenção deste trabalho é dissociar do pensamento conservador a abordagem que analisa os padrões "tradicionais" da sociedade brasileira, manifestos em seus diferentes segmentos sociais. Nesta associação, instituída no pensamento social brasileiro, existe o risco de reduzir a mudança social à dinâmica da "modernização", processo que, assim concebido, pressupõe elites modernizantes, "iluminadas", as que "sabem" e em nome deste "saber" agem no suposto benefício dos que não "sabem", reforçando os mecanismos excludentes na sociedade brasileira. A "permanência" de padrões tradicionais não significa fatalmente um obstáculo à mudança, desde que esta não seja pensada como um processo linear e numa única direção.

Procurarei recolocar em outro eixo a análise dos valores "tradicionais" dos pobres, considerando-os como componentes estruturais da ordem moral com a qual representam o mundo social do qual fazem parte, no contexto particular de um dos redutos mais modernos do país, a cidade de São Paulo, onde, portanto, se manifesta agudamente a ambigüidade de uma sociedade em que convivem o "moderno" e o "arcaico".

Capítulo 3
A FAMÍLIA COMO UNIVERSO MORAL

> "Nunca um costume é indefensável, inferior e bastardo, para quem o segue."
>
> *Luís da Câmara Cascudo*

Nos anos 60, um casal recém-casado migrou de Alagoas para São Paulo. Nos primeiros meses, como tantos, instalou-se na casa do irmão do marido. Logo os dois conseguiram emprego: ele, como marmorista, profissão que exerceu ao longo desses anos como empregado ou fazendo *bicos por conta*; e ela como tecelã, profissão que abandonou quando nasceu a primeira filha, voltando a trabalhar, como cozinheira, quando a filha mais velha pôde cuidar do irmão mais novo, reproduzindo a trajetória intermitente típica do trabalho feminino remunerado. Hoje, com 51 anos, o pai já não trabalha mais regularmente porque está doente. Tem cirrose hepática. O casal tem sete filhos. Os dois homens são os menores e não trabalham. Todos os filhos estudam. A filha mais nova, com 18 anos, cuidava dos irmãos e do sobrinho, filho de uma irmã solteira que saiu de casa, e fazia a maior parte do trabalho doméstico, enquanto as outras irmãs revezam com a mãe os momentos de emprego e desemprego, até que, estrategicamente, engravidou do namorado e *teve que se casar*, indo morar com o marido na casa do sogro:

Se não fosse assim, eu nunca ia conseguir casar.

A filha mais velha casou-se como manda o figurino, formou um núcleo independente e teve duas filhas. A que já tinha um filho saiu de casa e mora atualmente com o namorado, deixando o filho na casa da mãe.

Segundo o relato da mãe, confirmado pelas filhas, uma das brigas familiares foi deflagrada pelo fato de a filha mais velha, ainda solteira, estar conversando com um rapaz no portão. O pai começou a espancá-la, acusando-a de *sem-vergonha*. A mãe e as outras filhas, todas crescidas, acudiram, segurando o pai e espancando-o *até ele se render*.

De maneira semelhante, em outra ocasião, o pai pegou um facão — o mesmo facão com que as filhas viram tantas vezes sua mãe ameaçada — e veio na direção de uma das filhas. A mãe interferiu e, junto com as filhas, conseguiu dominá-lo e tirar-lhe o facão, que passou para a mão das mulheres da casa, simbolizando o momento de inversão na vida desta família. *Quem manda aqui agora somos nós*, diz a mãe. Com as filhas já crescidas e trabalhando, *não precisamos mais dele*.

Através de uma aliança com as filhas, a mãe reverteu sua posição na família, destituindo o pai de seu lugar. Não aceitam mais seu dinheiro. Ele paga, no entanto, o que come. A aceitação de sua presença na família, entre as muitas razões — afinal ele está doente e elas cuidam dele —, envolve a exibição cotidiana a seus próprios olhos de sua derrocada, ou melhor, de sua desonra.[1] Com o dinheiro que ganha com os *bicos* que ainda consegue fazer, ele continua bebendo até cair. A mãe, com as filhas, apossou-se da casa, cujo terreno o casal adquiriu quando o bairro era ainda *quase mato*; arrumam e planejam reformas, com seus próprios recursos, dispensando o pai. Diz a mãe:

> *Eu lutei tanto, construí aquilo, dei tanto... tijolinho por tijolinho, e agora deixar assim? Não, é covardia. Eu vou lutar, eu quero ver de nós dois quem pode mais.*

---

1. Como argumentou Pitt-Rivers (1988), nos códigos de honra, a resposta ofensiva não está apenas no ato em si, mas no fato de obrigar o ofendido a presenciá-lo. "Sentir-se ofendido, é a pedra de toque da honra" (p. 17).

Sonhos que não se realizam

O significado da luta que se travou dentro desta família não se esgota em dizer que se tratou de uma evidente revolta contra a autoridade patriarcal. Se a explosão da revolta contra a autoridade desmedida do pai, na atitude de enfrentamento das mulheres nesta família, reverteu de fato sua posição, o que se depreende da nova situação estabelecida? As mulheres são ou tornaram-se "centrais" nas famílias pobres? As mulheres são ou tornaram-se "chefes de família"? Vamos devagar.

O episódio revela que o pai, ao longo da vida familiar, abusou das prerrogativas de sua posição de autoridade em relação à família, sem cumprir com os deveres que correspondem a essa posição. O dinheiro que ganhava não era suficiente para manter sua família e ele sempre bebeu. Diante das frustrações e da violência de que foram objeto, as mulheres, como esposa e filhas (assim como os filhos homens que estavam fora desse episódio específico), reverteram a situação familiar, respondendo com uma violência quase sempre muda, que passou a fazer parte da linguagem através da qual a família se comunica, uma linguagem circular e reiterativa da própria violência.

As mulheres revoltaram-se contra uma autoridade desmedida que tornou ilegítima a obediência. A "boa" obediência, afinal, implica a "boa" autoridade, que, como define Montes (1983), se caracteriza por concentrar todos os seus valores positivos no "termo médio". A revolta deu-se dentro de um universo de valores em que a queixa se dirige à "má" autoridade que abusa de seus direitos e descuida de seus deveres. Não se obedece a uma autoridade que não se reconhece como legítima. A autoridade que abusa de suas prerrogativas torna-se "incapaz de se impor pelo respeito às virtudes necessárias que devem acompanhá-la" (Montes, 1983:334). Por esse caminho, efetivamente redefiniu-se a posição das mulheres naquela família, desautorizando o pai. A autoridade paterna perdeu sua força simbólica, incapaz de mobilizar os elementos morais necessários à obediência, abalando a base de sustentação dos padrões patriarcais em que se baseia a família pobre. Mas há, ao mesmo tempo, um ressentimento, que denota expectativas frustradas.

Não precisam mais dele, mas toleram sua presença "desnecessária". Ou precisam dessa presença, mesmo que não seja como elas pensam que deveria ser?

Na resposta das mulheres desta família, vítimas de uma violência quase sempre física, está a "desvalorização" do homem que não respondeu às expectativas depositadas nele, afirmando sua capacidade de "sobreviver" sem ele, à custa de reiterar uma impotência da qual ele não consegue escapar. Quais são, então, as expectativas da mulher, e do homem em relação a si mesmo, que o homem pobre não consegue cumprir?

Cândido (1987), em sua análise da "família caipira" com seus valores tradicionais e padrões patriarcais, assim como em seu estudo sobre a família brasileira (Cândido, 1951), argumenta que esses padrões perdem sentido com a urbanização e modernização do país. Nem todas as análises indicam esse caminho. Estudos recentes sobre os pobres urbanos mostram, ao contrário, a força simbólica desses padrões ainda hoje, reafirmando a autoridade masculina pelo papel central do homem como mediação com o mundo externo, e fragilizando socialmente a família onde não há um homem "provedor", de teto, alimento e *respeito*.[2]

Quando sugeri uma entrevista com um homem nascido no Piauí, criado pelos compadres do pai, desde que sua mãe *arrumou outro amante e me largou com esse casal que me criou*, ele não só aceitou prontamente a sugestão, como me convidou para um almoço:

> *Venha conversar, conversar é comigo mesmo, é um prazer, mas vem cedo e de estômago vazio. Você vai encher o estômago é aqui na minha casa.*

Ele teve 24 filhos, mas criou apenas 11, os que viveram. É atualmente casado pela segunda vez com uma mulher trinta anos mais nova. Começamos a entrevista (gravada). Ele, na vagareza de quem relata um grande feito, nos contava sua vida, e estava entusiasmadíssimo por poder contá-la. Naquele momento, seus gestos, a

---

2. A importância do homem como "provedor" da família, no sentido econômico e moral (de teto, alimento e *respeito*), aparece nos trabalhos de Neves (1984), Duarte (1986), Zaluar (1985), Costa (1993) e em meu trabalho anterior (Sarti, 1985a).

inflexão da sua voz, sua postura corporal tinham uma altivez singular. Falava dos *dois prazeres* de sua vida, *dança e mulher*:

> *Dançar, eu dançava muito... e mulher, sabe como é que é, né?*

Dizia que *mulher é a maior graça que Deus pôs na terra*, orgulhoso de sua virilidade, reafirmada por sua *disposição* para trabalhar. Contava que dançava a noite inteira,

> *[...] e de manhã estava lá, ó, pronto para trabalhar!*
> *Perder meu compromisso por causa de farra? Nunca! Por causa de cansaço? Eu não sabia o que era cansaço!*

Relatava, com a precisão das datas que se atribuem aos grandes fatos históricos, cada um dos trabalhos que fez antes de chegar a São Paulo:

> *No dia 21 de maio de 1955, comecei a trabalhar no plantio de fumo [...]*
> *No dia 21 de junho do mesmo ano terminamos aquele serviço pesado.*

Falava de quando ainda levava *vida de peão sozinho no mundo*, ressaltando em tom grandiloqüente os valores morais que o sustentaram nas adversidades de sua vida — a coragem, a honra e a *fé em Deus*:

> *Nunca tive medo de nada na vida.*
> *Eu fui embora de casa e eu disse aos meus pais: Eu vou embora, se eu estiver na pior, esqueça o seu filho, eu não volto. Tem gente que sai de casa em busca de aventura e encontra a desaventura e volta correndo para casa, não enfrenta! Eu fui o contrário: eu parti para a aventura, encontrei a desaventura, mas não voltei para casa, enfrentei, no duro.*
> *Dentro de mim eu dizia: confio em Deus que isso passa.*

O estilo grandiloqüente do discurso desse homem, na afirmação da "moral de homem", fala das expectativas que têm os homens em relação a seu próprio desempenho, numa tentativa de manter a auto-imagem diante das frustrações. A forma narrativa de seu relato — ressaltando sempre suas qualidades morais enquanto falava de sua vida de peão, dos pagamentos que lhe foram prometidos e não feitos, dos filhos perdidos por falta de assistência médica — relaciona-se às características do discurso "popular", destacadas por Montes (1983) em sua análise dos dramas representados nos circos-teatros na periferia de São Paulo. No discurso dos atores e do público, segundo a autora, a ficção se separava da realidade por um "fio tênue que se esgarçava e acabava por não mais distingui-los".

> "Quase como se narrar a experiência vivida conferisse ao real um 'efeito suplementar de realidade', ao ser traduzido numa forma que enfim lhe conferia a desejada e merecida dignidade, para além da banalidade prosaica do quotidiano sem relevo" (Montes, 1983:184).

Ele é funcionário público desde quando chegou em São Paulo em 1963, trabalhando como garagista. Era o seu dia de folga. Sentou-se devagar e altivo em sua poltrona, feita de uma imitação de couro, rasgada e quebrada, apoiada num tijolo. Lembrei-me das observações de Câmara Cascudo (1987) sobre autoridade e pressa, em que diz que socialmente a lentidão é dignificante e a velocidade inversamente proporcional à hierarquia, fazendo com que os subalternos transitem "na ligeireza dos movimentos a prontidão da obediência, disciplina, submissão". A vagareza do pai, que naqueles gestos reafirmava sua autoridade sobre a família, foi complementada pelo gesto do filho mais novo que, prontamente, sem que qualquer palavra lhe fosse dirigida, veio trazer os chinelos e colocou-os nos pés do pai, num gesto desta etiqueta típica do cotidiano das famílias pobres, que chamo de patriarcal, porque reitera a hierarquia entre o homem e a mulher, entre os adultos e as crianças e reafirma essas fronteiras a cada gesto, mostrando ao mesmo tempo convenções tradicionais, pouco ligadas ao utilitarismo urbano.

Sua mulher e as filhas não se sentaram à mesa para comer: como é de hábito, vão comendo, beliscando a comida enquanto cozinham ou fazem seu prato e comem sem se sentar à mesa; o marido e os filhos são servidos, eles sim sentados à mesa. Os agregados, aqueles que de alguma maneira estão numa situação de favor ou de hierarquia, como os recém-chegados à cidade, tampouco comem à mesa, ajeitam-se sentando no braço de alguma poltrona, em algum banco ou cadeira, o prato fundo de comida no colo, a colher na mão.

A FAMÍLIA COMO ESPELHO

Sentar à mesa, dentro da etiqueta dos pobres, é um hábito que responde às hierarquias que dividem seu mundo simbólico, sendo reservado ao homem, às crianças pequenas e às visitas de honra. O fato de as crianças estarem incluídas liga-se à sua importância como depositárias das expectativas familiares. Nessas regras implícitas na convivência cotidiana percebe-se a demarcação da hierarquia familiar, reafirmando as fronteiras entre o masculino e o feminino e conferindo ao homem um lugar de autoridade na família que ele, trabalhador e pobre, não encontra no mundo da rua.

As dificuldades encontradas para manter o padrão de desempenho que se espera do homem na família pobre, por sua condição de *trabalhador* e *pobre*, fazem com que a dimensão da pobreza no contexto familiar apareça mais explicitamente no discurso masculino, já que os homens se sentem responsáveis pelos rendimentos familiares. É sobre ele que recai mais forte o peso do *fracasso*. É o homem quem *falta com sua obrigação* quando *o dinheiro não dá*. Assim é que na tentativa de "conferir dignidade ao cotidiano sem relevo" destacam-se as qualidades morais que sustentam o *homem que é homem* nas situações de dificuldade, estruturais em suas vidas.

Em contrapartida, a mulher, em seu desempenho como *boa dona-de-casa*, faz com que *apesar de pouco, o dinheiro dê*. Isso implica *controlar* o pouco dinheiro recebido pelos que trabalham na família, priorizando os gastos (com a alimentação em primeiro lugar) e driblando as despesas. Na prioridade da alimentação entre os gastos, os que trabalham devem comer mais do que os outros adultos, e os homens, trabalhadores/provedores, comem mais que as mulheres:

Eu quero que ele (o marido) coma, porque ele vai trabalhar.[3]

Os papéis familiares complementam-se para realizar aquilo que importa para os pobres, "repartir o pouco que têm". Isso, entretanto, não se limita à família. Na mesma medida em que a alimentação é a prioridade dos gastos familiares, oferecer comida é também um valor fundamental, fazendo os pobres pródigos em oferecê-la.

---

3. Sobre as práticas alimentares, ver, além de Cândido (1987), Woortmann (1986).

Quando fui visitar uma família em que a mãe idosa é separada, os filhos que moravam com ela estavam desempregados, todos vivendo com a aposentadoria da mãe, que não chegava nem a um salário mínimo. Excepcionalmente, fizemos uma entrevista com um dos filhos no fim da manhã (foi o horário sugerido para que eu pudesse ver a filha casada, que morava longe e estaria lá naquele momento). A mãe ofereceu-nos café e suco de laranja e desculpou-se insistentemente porque *o suco estava ruim*. Era o almoço que faltava. Falou de como o dinheiro não dava nem para comprar comida: *A gente traz as compras na mão, não precisa nem sacola*. E me dizia: *Você deve estar morrendo de fome*! Era sua não apenas a fome, mas a privação da satisfação de nos oferecer comida. Não ter o que comer, a fome, significa não apenas a brutal privação material, mas a privação da satisfação de dar de comer, que vem da realização de um valor moral, deste "repartir o pouco que se tem" e também da necessidade de exibição de um bem tão fundamental, cuja ameaça de falta paira sempre no ar.

Lugar de homem e lugar de mulher

Quem casa, quer casa. Comecemos por aí. Com o casamento, o ideal é a formação de um núcleo independente, porque uma família precisa de uma casa, aliás, condição para viabilizar uma família:

> *Eu acho que, quando a gente não tem uma casa, a gente não tem cabeça, às vezes, nem para a família, sabe?*
> *Tendo uma casa, a gente dá mais atenção para a família, para o marido, para filho, enfim, em tudo, né?*

A casa é onde realizam o projeto de ter uma família, permitindo, como observa Woortmann (1982), a realização dos papéis centrais na organização familiar, o de pai de família e o de mãe/dona-de-casa. Esse padrão ideal pressupõe o papel masculino de prover teto e alimento, do qual se orgulham os homens:

> *O dever do homem é trabalhar, trazer o dinheiro em casa e ser um pai de família para dar respeito na casa dele... tendo moral.*

A FAMÍLIA COMO ESPELHO

Assim, para constituir a "boa" autoridade, digna da obediência que lhe corresponde, não basta ao homem *pegar e botar comida dentro de casa e falar que manda*. Para mandar, *tem que ter caráter, moral*. Assim, o homem, quando bebe, *perde a moral dentro de casa. Não consegue mais dar ordens*. Como sintetizou Costa (1993), em consonância com a argumentação deste trabalho, o ganho e a honra mesclam-se para compor a autoridade paterna. Numa relação complementar, para as mulheres o papel de dona-de-casa é fonte de igual sentimento de dignidade pessoal, como comentarei no próximo capítulo, na análise do trabalho doméstico.

A casa é, ainda, um espaço de liberdade, no sentido de que nela, em contraposição ao mundo da rua, são donos de si: *aqui eu mando*.[4]

O fato de o homem ser identificado com a figura da autoridade, no entanto, não significa que a mulher seja privada de autoridade. Existe uma divisão complementar de autoridades entre o homem e a mulher na família que corresponde à diferenciação entre casa e família. A casa é identificada com a mulher e a família com o homem. Casa e família, como mulher e homem, constituem um par complementar, mas hierárquico. A família compreende a casa; a casa está, portanto, contida na família:

> *Não adianta ter uma casa superbonitona e não ter união na família. Minha casa é pobre, mas não a trocaria por nenhuma outra se não pudesse viver com minha família.*
> *Que adianta uma casa onde não falta nada, mas tem solidão?*

Em consonância com a precedência do homem sobre a mulher e da família sobre a casa, o homem é considerado o *chefe da família* e a mulher a *chefe da casa*. Essa divisão complementar permite, então, a realização das diferentes funções da autoridade na família. O homem corporifica a idéia de autoridade, como mediação da família com o mundo externo. Ele é a autoridade moral, responsável pela respeitabilidade familiar. Sua presença faz da família uma entidade moral positiva, na medida em que ele garante o *respeito*. Ele, por-

---

4. Sobre a casa neste bairro, ver Caldeira (1986); sobre o significado da casa em relação à família, ver Woortmann (1982) e meu trabalho anterior (Sarti, 1985a).

tanto, responde pela família. Cabe à mulher outra importante dimensão da autoridade, manter a unidade do grupo. Ela é quem cuida de todos e zela para que tudo esteja em seu lugar. É a *patroa*, designação que revela o mesmo padrão de relações hierárquicas na família e no trabalho.

A distribuição da autoridade na família fundamenta-se, assim, nos papéis diferenciados do homem e da mulher. A autoridade feminina vincula-se à valorização da mãe, num universo simbólico em que a maternidade faz da mulher mulher, tornando-a reconhecida como tal, senão ela será uma potencialidade, algo que não se completou.[5] Outro importante fundamento da autoridade da mulher está no controle do dinheiro, que não tem relação com sua capacidade individual de ganhar dinheiro, mas é uma atribuição de seu papel de dona-de-casa (Zaluar, 1985).

A diferenciação entre um papel interno feminino e outro masculino, relacionado com o mundo de fora, foi assim expressa por uma mulher casada:

> *Eu acho que o homem tem que entrar com tudo em casa e a mulher saber controlar.*

Comentando as desavenças de sua vizinha depois que ficou viúva, outra moradora concluiu: *não tinha mais homem para controlar.* Analisando as diferentes percepções da casa pelo homem e pela mulher, Scott (1990) observou o mesmo padrão, mostrando que no discurso masculino a casa deve estar "sob controle", enquanto as mulheres ativamente controlam a casa.

Quando não é possível ter uma casa, comprada, cedida ou alugada, formando um núcleo independente para a realização das diferentes atribuições do homem e da mulher, a rede familiar se mantém na cena cotidiana. O novo casal fica na casa dos pais de um dos cônjuges, criando uma situação sempre concebida como provisória, porque *é horrível morar na casa dos outros*, como expressou a mulher que ficou alguns meses na casa do cunhado quando chegou a São Paulo.

---

5. O trabalho de Dauster (1983) mostra a estigmatização da mulher sem filhos, comparada à "figueira do inferno", árvore sem frutos.

A FAMÍLIA COMO ESPELHO

Nesses casos, a tendência, pelo menos no primeiro casamento, onde as expectativas de realização do padrão ideal são maiores, é que fiquem na casa dos pais do marido, respondendo à atribuição masculina de prover teto.[6] Nos casos em que isso não é possível, a solidariedade familiar leva o novo casal a ficar na casa da mulher. Essa tendência observa-se sobretudo nas uniões subseqüentes à primeira, quando a mulher separada se vincula a seu grupo de origem e poderá manter esse vínculo mesmo com a nova união, para estar perto da rede de apoio a seus filhos.

Embora quem case queira casa, os vínculos com a rede familiar mais ampla não se desfazem com o casamento, pelas obrigações que continuam existindo em relação aos familiares e que não se rompem necessariamente, mas são refeitas em outros termos, sobretudo diante da instabilidade dos casamentos entre os pobres, dificultando a realização do padrão conjugal.[7]

A família ultrapassa os limites da casa, envolvendo a rede de parentesco mais ampla, sobretudo quando se frustram as expectativas de se ter uma casa onde realizar os papéis masculinos e femininos. Nesses casos, comuns entre os pobres, pelas dificuldades de atualizar o padrão conjugal de família, ressalta a importância da diferenciação entre a casa e a família para se entender a dinâmica das relações familiares[8] (Durham, 1983; Fonseca, 1987; Woortmann, 1982 e 1987).

As famílias pobres dificilmente passam pelos ciclos de desenvolvimento do grupo doméstico, sobretudo pela fase de criação dos filhos, sem rupturas (Neves, 1984; Fonseca, 1987; Scott, 1990), o que implica alterações muito freqüentes nas unidades domésticas. As dificuldades enfrentadas para a realização dos papéis familiares no núcleo conjugal, diante de uniões instáveis e empregos incertos,

---

6. Contrariando, portanto, a tendência à uxorilocalidade (ou seja, a residência do novo casal junto ao grupo familiar da esposa), observada em trabalhos que enfatizam a "centralidade" da mulher na família (Woortmann, 1987).

7. Acredito que, na sociedade brasileira, mesmo nas camadas médias e altas, em função de uma dinâmica distinta que não cabe aqui tratar, tampouco a família existe como família conjugal.

8. A importância desta distinção foi enfatizada por Meyer Fortes (1958), ao analisar os ciclos de desenvolvimento do grupo doméstico.

levam a desencadearem-se arranjos que envolvem a rede de parentesco como um todo, para viabilizar a existência da família, tal como a concebem.

A literatura sobre famílias pobres no Brasil confirma a possibilidade de se estabelecer uma relação entre as condições socioeconômicas e a estabilidade familiar, no sentido de os ciclos de vida familiar se desenvolverem sem rupturas (Agier, 1988 e 1990). Os trabalhos de Macedo (1979) e Bilac (1978) indicam que, em grupos de operários economicamente mais estáveis, há maior possibilidade de realização do padrão de complementaridade de papéis sexuais no núcleo doméstico. A literatura mostra, em contrapartida, a relação entre pobreza e chefia feminina (Barroso, 1978; Castro, 1989). Isso significa dizer que as famílias desfeitas são mais pobres e, num círculo vicioso, as famílias mais pobres desfazem-se mais facilmente.

Pesquisas demonstram como a pobreza afeta primordialmente o papel de provedor do homem na família (Montali, 1991; Telles, 1992). Lopes e Gottschalk (1990) mostram que "as famílias chefiadas por homens, em particular as muito jovens com filhos, parecem ser especialmente sensíveis à recessão e à recuperação econômicas".

A vulnerabilidade da família pobre, quando centrada no pai/ provedor, ajuda a explicar a freqüência de rupturas conjugais, diante de tantas expectativas não cumpridas, para o homem, que se sente *fracassado*, e para a mulher, que vê rolar por água abaixo suas chances de *ter alguma coisa* através do projeto do casamento (Rodrigues, 1978; Salem, 1981; Sarti, 1985a).

Como o outro lado da moeda, Lopes e Gottschalk (1990) mostram que as famílias chefiadas por mulheres estão numa situação estruturalmente mais precária, mais independente de variações conjunturais, quando comparadas com as famílias pobres, equivalentes no ciclo familiar, que têm chefe masculino presente, dadas as diferenças nas formas de inserção da mulher no mercado de trabalho.[9]

---

9. A estruturação do mercado de trabalho a partir da divisão sexual do trabalho, afetando toda sua composição, salários, qualificação, formas de inserção, alocação em momentos de crise etc., tem sido objeto de uma importante linha de pesquisas. Ver para referências: Bruschini (1985), Hirata e Humphrey (1983 e 1984), Telles (1992) e Sarti (1985b), entre outros.

A FAMÍLIA COMO ESPELHO

Se a vulnerabilidade da mulher está em ter sua relação com o mundo externo mediada pelo homem, o que a fragiliza em face deste mundo que, por sua vez, reproduz e reitera as diferenciações sexuais, o *status* central do homem na família, como trabalhador/ provedor, torna-o também vulnerável, porque o faz dependente de condições externas cujas determinações escapam a seu controle. Este fato torna-se particularmente grave no caso da população pobre, exposta à instabilidade estrutural do mercado de trabalho que a absorve.

Deslocamentos das figuras masculinas e femininas

Nos casos em que a mulher assume a responsabilidade econômica da família, ocorrem modificações importantes no jogo de relações de autoridade, e efetivamente a mulher pode assumir o papel masculino de "chefe" (de autoridade) e definir-se como tal. A autoridade masculina é seguramente abalada se o homem não garante o teto e o alimento da família, funções masculinas, porque o papel de provedor a reforça de maneira decisiva. Entretanto, a *desmoralização* ocorrida pela perda da autoridade que o papel de provedor atribui ao homem, abalando a base do *respeito* que lhe devem seus familiares, significa **uma perda para a família como totalidade**, que tenderá a buscar uma compensação pela substituição da figura masculina de autoridade por outros homens da rede familiar.

Cumprir o papel masculino de provedor não configura, de fato, um problema para a mulher, acostumada a trabalhar, sobretudo *quando tem precisão*; para ela, o problema está em manter a dimensão do *respeito,* conferida pela presença masculina. Quando as mulheres sustentam economicamente suas unidades domésticas, podem continuar designando, em algum nível, um "chefe" masculino. Isso significa que, mesmo nos casos em que a mulher assume o papel de provedora, a identificação do homem com a autoridade moral, a que confere respeitabilidade à família, não necessariamente se altera.

Os diversos aspectos em que o homem exerce sua autoridade, garantindo os recursos materiais, o *respeito* e a *proteção* da família, enquanto provedor e mediador com o mundo externo, podem estar alocados em diferentes figuras masculinas. Isso acontece particularmente nos casos de separação conjugal e de novos casamentos, em que o novo marido não necessariamente ocupa o lugar masculino em relação aos filhos de sua mulher. Os freqüentes casos de separação e a freqüente ocorrência de gravidez entre as adolescentes — cujo filho tende a ficar na casa dos avós, que o criam com ou sem a mãe — levam a uma divisão dos papéis masculinos e femininos entre diversos homens e mulheres na rede familiar, deixando de se concentrar no núcleo conjugal.

A sobrevivência dos grupos domésticos das mulheres "chefes de família" é possibilitada pela mobilização cotidiana de uma rede familiar que ultrapassa os limites das casas. Nesses deslocamentos, o filho mais velho se destaca como aquele que cumpre o papel de *chefe da família*. São os casos que Salem (1981) apropriadamente chamou de "filhos eleitos". O trabalho de Agier (1988, 1990), feito em Salvador, e o de Fonseca (1987), feito em Porto Alegre, demonstram o mesmo padrão, que faz lembrar as observações de Héritier (1975) sobre a estreita dependência entre laços consangüíneos e laços conjugais em qualquer sociedade. Segundo essa autora, há uma relação pendular e inversa entre esses dois termos, sendo que ao enfraquecimento de um tipo de vínculo corresponde o fortalecimento do outro.

Tal como acontece o deslocamento dos papéis masculinos, os papéis femininos, na impossibilidade de serem exercidos pela mãe-esposa-dona-de-casa, são igualmente transferidos para outras mulheres da família, de fora ou dentro da unidade doméstica. O exercício dos papéis sexuais, nos casos em que se desfaz a relação conjugal, passa para a rede familiar mais ampla, mantendo o princípio da complementaridade de papéis, transferidos para fora do núcleo conjugal. Nesses casos, além dos familiares consangüíneos, tem papel importante a instituição do compadrio.

A rivalidade entre consangüíneos e afins, ressaltada por Fonseca (1987), embora exista, não impede a solidariedade nesta rede onde se deslocam os papéis. As relações entrecruzam-se, fazendo com que as regras de obrigação prevaleçam sobre a rivalidade referida e levando à cooperação. Assim, a avó paterna pode cuidar dos netos, enquanto a ex-nora trabalha. Nesse caso, o cruzamento dá-se também pelo princípio da diferenciação de gênero e a rede feminina alterna-se no cuidado das crianças.

Nos casos de viuvez ou separação sem nova união, a mãe torna-se a figura aglutinadora do que resta da família, e sua casa acaba sendo o lugar para onde acorrem os filhos nas situações de desamparo (desemprego, separações conjugais etc.). Sendo o ponto de referência para toda a família, à mãe é devido um *respeito* particular — sobretudo se ela tiver uma idade mais avançada —, que tem o sentido de uma retribuição do filho à mãe que o criou, como no relato de Hoggart (1973) sobre o respeito à mãe nas classes trabalhadoras inglesas.

Se a comunicação dentro da rede de parentesco revela o papel crucial da mãe, conforme observa Woortmann (1987), isso não significa "centralidade" da mulher na família, mas o cumprimento de seu papel sexual, de mantenedora da unidade familiar, numa estrutura que não exclui o papel complementar masculino, deslocado para outros homens que não o pai.

Dentro desse universo simbólico, ressurge entre os pobres urbanos a clássica figura do "irmão da mãe". Sobretudo nos momentos do ciclo de vida em que o pai da mulher já tem uma idade avançada e não tem mais condições de dar apoio, o irmão surge como a figura masculina mais provável de ocupar o lugar da autoridade masculina, mediando a relação da mulher com o mundo externo e garantindo a respeitabilidade de seus consangüíneos. Woortmann (1987) e Fonseca (1987) reconhecem também obrigações do irmão de uma mulher para com ela, como uma espécie de substituto do marido, assumindo parte das responsabilidades masculinas quando a mulher é *abandonada*.

Nas famílias que cumpriram sem rupturas os ciclos de desenvolvimento da vida familiar, o pai/marido tem papel central numa relação complementar e hierárquica com a mulher, concentrada no núcleo conjugal, ainda que essa situação não exclua a transferência de atribuições à rede mais ampla, em particular, quando a mãe trabalha fora; nas famílias desfeitas e refeitas, os arranjos deslocam-se mais intensamente do núcleo conjugal/doméstico para a rede mais ampla, sobretudo para a família consangüínea da mulher.

Esse deslocamento de papéis familiares não significa uma nova estrutura, mas responde aos princípios estruturais que definem a família entre os pobres, a hierarquia homem/mulher e a diferenciação de papéis sexuais com a divisão de autoridades que a acompanha.

Não é, portanto, necessariamente o controle dos recursos internos do grupo doméstico que fundamenta a autoridade do homem, mas sim seu papel de intermediário entre a família e o mundo externo, em seu papel de guardião da respeitabilidade familiar. O fundamento desse lugar masculino está numa representação social de gênero, que identifica o homem como a autoridade moral da família perante o mundo externo. Diz respeito à ordem moral que organiza a família, portanto, a uma razão simbólica, usando a formulação de Sahlins (1979), que se reatualiza nos diversos arranjos feitos pelas famílias com seus parcos recursos.

O papel fundamental da mulher na casa dá-se, portanto, dentro de uma estrutura familiar em que o homem é essencial para a própria concepção do que é a família, porque a família é pensada como uma ordem moral, onde o homem representa a autoridade. Mesmo quando ele não provê a família, sua presença "desnecessária" continua necessária. A autoridade na família, fundada na complementaridade hierárquica entre o homem e a mulher, entretanto, não se realiza obrigatoriamente nas figuras do pai e da mãe. Diante das freqüentes rupturas dos vínculos conjugais e da instabilidade do trabalho que assegura o lugar do provedor, a família busca atualizar os papéis que a estruturam, através da rede familiar mais ampla.

A família pobre não se constitui como um **núcleo**, mas como uma **rede**, com ramificações que envolvem a rede de parentesco como um todo, configurando uma trama de obrigações morais que enreda seus membros, num duplo sentido, ao dificultar sua individualização e, ao mesmo tempo, viabilizar sua existência como apoio e sustentação básicos.

Essa rede que constitui a família pobre, através da qual as relações familiares se atualizam, permite relativizar o sentido do papel central das mulheres na família, reiteradamente destacado na literatura sociológica e antropológica sobre as famílias pobres no Brasil (Barroso, 1978; Figueiredo, 1980; Neves, 1984; Woortmann, 1987;

Castro, 1989; Scott, 1990). Não se trata de contrapor normas "patriarcais" e práticas "matrifocais", como propõe Woortmann (1987), na medida em que as práticas se definem articuladas a normas e valores sociais. A prática contém em si a norma, em sua forma positiva ou como transgressão. Pela forte demarcação de gênero e pelas dificuldades de realização do modelo nuclear, não necessariamente as figuras masculinas e femininas são depositadas no par pai/marido e mãe/esposa, mas são transferidas para outros membros da rede familiar, reproduzindo esta estrutura hierárquica básica.[10]

Antigamente era o homem que mandava na casa, disse uma mulher, casada pela terceira vez, com um filho de cada união,

> *[...] só que, de uns tempos para cá, quem está mandando mais é a mulher... não sei se é falta de trabalho, ou são os homens mesmo que estão muito acomodados... agora tem... como diz? Os direitos são iguais... mesmo a mulher que não trabalha, ela tem mais poder do que antes, não sei o que está acontecendo com as gerações de agora, os homens não estão querendo muita responsabilidade, eles estão deixando tudo nas costas das mulheres. E eles sabem que as mulheres vão à luta e tem homem que num tá nem aí.*

Antigamente aparece aqui como um tempo idealizado, em que as mulheres não tinham sobre suas costas o peso da responsabilidade da família que, em sua representação, envolve a complementaridade entre o homem e a mulher. Essa situação *de uns tempos para cá* envolve uma permanente ambivalência, em face das expectativas frustradas, dos arranjos compensatórios e dos benefícios imprevistos que podem advir das novas situações criadas. Assim é que, se *os direitos são iguais* e *a mulher hoje tem mais poder*, isto é vivido de forma ambivalente, não necessariamente como uma reversão dos papéis familiares, mas como uma reafirmação do *fracasso* masculino, diante das dificuldades do homem de exercer um papel no qual estão depositadas as expectativas familiares, seja por razões que lhe escapam, *falta de trabalho*, ou por razões que lhe dizem respeito, *porque estão acomodados mesmo*, sobre as quais ele tem uma responsabilidade moral.

---

10. Sobre o caráter hierárquico e patriarcal da família na sociedade brasileira, ver a discussão de Almeida (1987) e de Da Matta (1987).

As expectativas frustradas instauram um mecanismo, do qual os homens e as mulheres são cúmplices sem o saber necessariamente, que reitera as atribuições masculinas e femininas, ainda que dificilmente sejam cumpridas nos arranjos cotidianos. Ambos, homens e mulheres, acabam enredados nesse emaranhado de expectativas a que não conseguem responder. Ele, *fracassado*, tem no alcoolismo o desafogo a seu alcance e ela se frustra por não poder ter o homem e a situação familiar esperados. Nessa concepção moral da família, diante do homem que representa a autoridade e que não cumpre o papel esperado — infiel, que bebe, que não traz dinheiro para casa —, a mulher acaba tendo um acentuado papel ativo nas decisões familiares, sem que, no sentido inverso, o homem tenha modificado seus papéis familiares. Diante dele, que socialmente tem sobre ela uma autoridade que não se justifica a seus olhos, ela exibe sua *disposição* de se virar, de *não precisar mais dele*, como uma vingança, reiterando o *fracasso* dele e a frustração de ambos.

O lugar das crianças

Quem casa, quer casa, mas não apenas isso. O projeto do casamento, em que está implícita a constituição de uma família, é associado à idéia de ter filhos (Sarti, 1985a). É inconcebível formar uma família sem o desejo de ter filhos. A idéia de família compõe-se, então, de três peças: o casamento (o homem e a mulher), a casa e os filhos.

> *A pessoa que não tem filho, não tem vida. Família sem filho, eu acho que é um fruto sem valor. É uma árvore que morreu e que não tem fruto nenhum. Só eles dois ali numa casa que nem duas estacas. Só come e bebe, trabalha e dorme, prá quê? E eles fizeram esse lar para quê?*
> *Depois que você tem um filho, você luta por algum objetivo.*
> *A minha tia sofre por não ter um filho para cuidar dela.*

Entre as relações familiares, é sem dúvida a relação entre pais e filhos que estabelece o vínculo mais forte, onde as obrigações morais atuam de forma mais significativa. Se, na perspectiva dos pais, os filhos são essenciais para dar sentido a seu projeto de casamento, "fertilizando-o", para não serem uma *árvore seca* e outras

A FAMÍLIA COMO ESPELHO

tantas metáforas que exemplificam a analogia da família com a natureza, dos filhos é esperada uma retribuição, que existe como compromisso moral:

> *Eu aprendi isso do meu avô e eu acho que dá resultados: criar elas sem esperar recompensa, porque se elas [as filhas] fizerem algo para mim, que seja por elas, de agradecimento por elas mesmo, delas ver meu esforço para com elas...*

Retribui-se moralmente, *se a mãe ou o pai vier a precisar*, ou sendo um *bom filho*, isto é, *honesto, trabalhador*: *eu já acho um grande benefício...*

Isso é o que se espera dos filhos adultos; das crianças espera-se que obedeçam simplesmente. Há uma forte hierarquia entre pais e filhos, e a educação é concebida como o exercício unilateral da autoridade.[11] As crianças gozam, no entanto, de certas regalias. Comem à mesa e, junto com os trabalhadores, têm prioridade na distribuição da comida. O valor dado ao filho na família aparece na prodigalidade com que se comemora seu primeiro aniversário.[12] As crianças vão perdendo suas regalias, à medida que adquirem condições de repartir as obrigações familiares, assemelhando-se ao estatuto dos outros familiares. Pode-se dizer que o que define a criança, entre os pobres, é que ainda não participam das obrigações familiares, não trabalham, nem se ocupam das atividades domésticas, etapa cujo início depende das condições de vida familiares, tornando difícil delimitar a "infância" entre os pobres. A regra é que as crianças desde muito cedo, com 6 ou 7 anos, tenham atribuições dentro da família (Dauster, 1992). Seus inúmeros jogos e brincadeiras alternam-se com as freqüentes atribuições que lhes são designadas, como ir até a venda, dar recados, buscar auxílio.

---

11. Na forma como são tratadas as crianças aparece a reprodução do padrão unilateral de exercício da autoridade que as instituições públicas reservam aos pobres, seus pais, evidenciando a relação entre a educação e o exercício de uma cidadania democrática. Moraes (1994) desenvolve esse problema, ressaltando a importância da "boa infância para o futuro cidadão" e mostrando que as raízes da privação, que dificulta o exercício da cidadania, estão longe de serem materiais e que, quando as carências básicas começam no plano afetivo, dificilmente os projetos de democratização, por melhor intencionados que sejam, conseguem romper as resistências.

12. Esta comemoração parece-me também associada ao sucesso da sobrevivência da criança, numa população ainda marcada pela ocorrência de mortes prematuras.

Uma das delimitações do que é ser criança diz respeito a uma mudança no exercício unilateral da autoridade. Crianças são aqueles *que podem levar surra*, em comparação com os *jovens*, que já tem condições de reação, tal como aconteceu na família em que as filhas crescidas fizeram uma aliança com a mãe contra a autoridade desmedida do pai. Uma dessas filhas, uma *jovem* de 19 anos, assim expressou essa diferença de condições:

> *Nas crianças, sim, vamos dar umas palmadas de vez em quando, agora com jovens não é assim, jovens se trata com conversa, com conscientização...*

Filhos, como o casamento, significam *responsabilidade*, uma categoria moral que se opõe, para os pobres, à de *vaidade*. Uma mulher cuja filha engravidou, solteira e com 16 anos, argumentou que sua filha deveria ter o filho, e não abortar, *para aprender o que é a vida*.

Os filhos dão à mulher e ao homem um estatuto de maioridade, devendo torná-los responsáveis pelo próprio destino, o que implica idealmente se desvincular da família de origem e constituir novo núcleo familiar. O filho pode, então, tornar-se um instrumento para essa desvinculação.

Uma mulher hoje casada, com uma filhinha de cinco anos, contava que, quando morreu sua mãe, o pai reuniu todos os filhos para comunicar quem iria, a partir daquele momento, *ficar como dona-de-casa*. O lugar coube a ela, filha mais velha. Além desse papel, ela e o pai tornaram-se os principais arrimos financeiros da família. Segundo seu relato:

> *Eu precisava fazer alguma coisa da minha vida... eu queria casar... Aí falei com meu pai, ele me achava muito nova para casar e eu praticamente era o braço direito dele...*

Como *já estava cansada de trabalhar para a família*, resolveu *sair* com o namorado e ir para um motel:

> *Vou ver se eu arrumo uma barriga e ver se eu caso rápido.*

Apesar da relutância do namorado, que temia a reação do pai, ela conseguiu seu intento. Engravidou e o pai *teve que aceitar* que ela deveria se casar, criando seu núcleo independente. Subsumida por sua posição essencial na hierarquia familiar e em sua divisão de trabalho, ela não estava designada *para casar*. Assim, o sentido de *responsabilidade* implícito em ter filhos leva as mulheres a utilizarem deliberadamente a gravidez como um instrumento para a independência de sua família de origem e/ou, diante de um noivo hesitante em casar, para forçá-lo a assumir a *responsabilidade*.

Mãe solteira

Na perspectiva de que o filho é uma *responsabilidade* dos pais, quando o homem não assume sua parte, cabe à mulher assumi-la sozinha. A *aceitação* da mãe solteira envolve nuances importantes. Ela é, em primeiro lugar, vítima de um *safado*, que não assume as conseqüências dos seus atos, um homem que não é *digno de respeito*, acusação que comporta uma ambigüidade, na medida em que, ao mesmo tempo, *ninguém pode obrigar ninguém a casar*. Assim, diz o pai de filhos homens ao pai de filhas mulheres:

> *Cuida do teu capim, que eu vou soltar meus cabritos.*

Não observei nenhum caso em que a mãe solteira fosse deliberadamente expulsa de casa. A criança é normalmente incorporada ao núcleo familiar da mãe. *Ela errou*, mas *seu erro maior foi confiar no safado*, opinou outro pai de família. Se ela *errou*, pode lhe ser dada a chance de *reparação*. Ter o filho e conseguir criá-lo transforma-se, então, na prova de um valor associado à coragem de quem enfrenta as conseqüências dos seus atos: *sou muito mulher para criar meu filho*, um código de honra feminino.

Nesse prisma, condena-se o aborto, considerado *vaidade*, em oposição à *responsabilidade*:

> *A pessoa ter aborto, tudo bem, mas se a pessoa é sadia e tem capacidade de trabalhar, eu acho que não precisa fazer aborto [...] por que não evita também? Eu acho que uma mãe que desfaz de um filho não é uma mãe.*
>
> *Para você sustentar seu filho, não precisa se ter um homem a seu lado. É só você ter capacidade de trabalhar. Eu acho que a pessoa que tem capacidade de trabalhar, tem capacidade de ter um filho.*

A *vaidade*, implicando uma individualidade tida como *irresponsável*, porque nega os preceitos de obrigação moral em relação a seus iguais, opõe-se também à *necessidade*, cujo caráter involuntário desculpa e justifica um ato moralmente condenado. Assim, o *aborto por necessidade* torna-se compreensível e moralmente aceito:

> De um filho só, acho que não precisa [fazer aborto]. Agora, quando a pessoa tem cinco, seis filhos...

A capacidade de trabalho torna-se o meio através do qual a mulher pode *reparar seu erro*, mostrando que é *digna do respeito* conferido ao homem neste código moral. O trabalho *para sustentar o filho* redime a mulher, que se torna a mãe/provedora. Subordinado à maternidade, o trabalho confere à mulher a mesma autonomia moral que é reconhecida no homem/trabalhador/provedor. Ela trabalha e sustenta sua prole como forma de *reparação do erro* de ter uma vida sexual sem um parceiro fixo que legitime seu lugar de mulher, *passando a perna por cima de todo mundo que falou dela e mostrando que não precisa de ninguém para criar os filhos dela*, como disse, não à toa, o irmão de uma mulher solteira que teve dois filhos com dois homens diferentes, este "irmão da mãe", guardião da respeitabilidade de seus consangüíneos. Assim, a autonomia moral da mulher/mãe solteira tem como condição necessária que ela trabalhe e prove que é *muito mulher para criar seu filho*, condição necessária mas não suficiente, uma vez que sua independência econômica depende, para se consolidar como respeitabilidade moral, do apoio e da garantia de seus familiares.

Nesta perspectiva moral, o "direito" ao prazer sexual implica o "dever" de assumir as conseqüências, a possibilidade do filho, que é colocado como uma inevitabilidade da vida sexual, fazendo com que a reprodução legitime moralmente a sexualidade. Uma mulher que estava naquele momento na terceira união conjugal argumentou que

> [...] uma mãe que não tem capacidade de assumir um filho, então não tem capacidade de estar namorando e estar arrumando homem. Eu acho que para ter capacidade de arrumar um homem, tem capacidade de sustentar o filho que vem pela frente, porque tudo o que você faz, sempre tem que aparecer uma coisa para você sacrificar sua vida.

Relações através das crianças

Para entender o lugar das crianças nas famílias pobres é, mais uma vez, necessário diferenciar as famílias que cumpriram as etapas do seu desenvolvimento sem rupturas, em que os filhos tendem a se manter no mesmo núcleo familiar, e as que se desfizeram nesse caminho, alterando a ordenação da relação conjugal e a relação entre pais e filhos.

Nos casos de instabilidade familiar, por separações e mortes, aliada à instabilidade econômica estrutural e ao fato de que não existem instituições públicas que substituam de forma eficaz as funções familiares, as crianças passam a não ser uma responsabilidade exclusiva da mãe ou do pai, mas de toda a rede de sociabilidade em que a família está envolvida. Fonseca (1995) argumenta que há uma coletivização das responsabilidades pelas crianças dentro do grupo de parentesco, caracterizando uma "circulação de crianças". Essa prática popular inscreve-se dentro da lógica de obrigações morais que caracteriza a rede de parentesco entre os pobres. Constitui, segundo Fonseca (1995), um divisor de águas entre aqueles indivíduos em ascensão que adotam valores de classe média e aqueles que, apesar de uma existência mais confortável, permanecem ligados à cultura popular.

Em novas uniões conjugais, quando há filhos de uniões anteriores, os direitos e deveres entre pais e filhos no grupo doméstico ficam abalados, na medida em que os filhos não são do mesmo pai e da mesma mãe, levando a ampliar essa rede para fora desse núcleo. Nessa situação, os conflitos entre os filhos e o novo cônjuge podem levar a mulher a optar por *dar para criar* seus filhos, ou algum deles, ainda que temporariamente.

A criança será confiada a outra mulher, normalmente da rede consangüínea da mãe. Nas famílias desfeitas, por morte ou separação, no momento de expansão e criação dos filhos, ocorrem rearranjos no sentido de garantir o amparo financeiro e o cuidado das crianças. Embora se conte fundamentalmente com a rede consangüínea, as crianças podem ser recebidas por não-parentes, dentro do grupo de referência dos pais. Foi um dos casos que acompanhei, em que um casal com três filhos, moradores da favela local, criam um menino, cuja mãe morreu e o pai desapareceu. A rota alternativa para esse menino fica clara na advertência:

Ou você se comporta, ou do contrário, é o seguinte: eu te coloco na Febem até teu pai aparecer.

O importante a ressaltar é que esse não é um caminho sem volta, mas uma das possibilidades, a menos desejável, dentro dessa circulação das crianças.[13]

Nos casos de separação, pode haver preferência da mãe pelo novo companheiro, prevalecendo o laço conjugal, circunstancialmente mais forte que o vínculo mãe-filhos. Uma nova união tem implicações na relação da mãe com os filhos da união anterior que expressam o conflito entre conjugalidade e maternidade (tão claramente revelado no diálogo abaixo entre uma mulher já separada e sua mãe, que argumenta em termos da retribuição possível). Dadas as dificuldades que enfrenta uma mulher pobre para criar seus filhos, a tendência será lançar mão de soluções temporárias para contornar a situação, entre as quais está a possibilidade de que os filhos fiquem com o pai. Entre os casos que acompanhei, dois homens, casados novamente, ficaram com os filhos da união anterior.

Ele (o marido) não queria se separar de mim, porque ele falou que se um dia a gente se separasse, ele não largava da menina, que ele ia carregar a menina com ele.
Eu falei: "Então você vai passar por cima do meu túmulo, porque a menina de mim você não tira".
E a minha mãe: "O quê? Hoje em dia, brigar por causa de filho não vale a pena, porque depois que eles cresce, eles dá um pontapé no traseiro da gente".
Eu falei: "Ô, mãe! A senhora pode pensar o que a senhora quiser, mas eu penso do meu jeito. Eu acho que desde o momento que a gente pôs filho no mundo, a gente tem que cuidar dele. Se tiver que passar fome, vai passar fome, mas eu dar meus filho para alguém, isso jamais vou fazer".

A instabilidade familiar, embora seja um fator importante, não esgota o significado da circulação de crianças, que pode acontecer

---

13. Ver o trabalho de Fonseca (1986 e 1995) sobre a internação dos pobres como parte do contexto de circulação de crianças, no qual o sentido da internação, associada aos estigmas da pobreza, é reelaborado quando se torna uma alternativa concreta em suas vidas.

mesmo em famílias que não se romperam. Fonseca mostra como a mãe que *dá para criar* seu filho ou filha pode exigir retribuição, considerando que, ao darem seus filhos, "sacrificaram suas prerrogativas maternas em benefício destes": *deram* aos pais adotivos uma criança. A criança aparece como dádiva, o que estabelece a possibilidade de reivindicar retribuição. Não constituindo uma adoção, ou seja, a transferência total e permanente dos direitos sobre a criança, a circulação de crianças é uma forma de transferência parcial e temporária, *fosterage*, que abre espaço para relações de obrigação entre os pais biológicos e adotivos. Instaura-se um jogo que envolve manipulação por parte da mãe biológica que *deu* seu filho, como sacrifício materno. Ao mesmo tempo, a mãe adotiva tem a expectativa de alguma retribuição (que pode ser um pagamento) pelos cuidados prestados (Fonseca, 1986 e 1995).

A adoção representa a quebra deste jogo, pela transferência total dos direitos e deveres sobre a criança adotada. Dá-se sob o signo da lei, enquanto a circulação de crianças acontece no registro das obrigações morais que caracterizam as práticas populares, reiterando o primado dos costumes sobre a lei para os pobres.

A circulação de crianças, como padrão legítimo de relação com os filhos, pode ser interpretada como um padrão cultural que permite uma solução conciliatória entre o valor da maternidade e as dificuldades concretas de criar os filhos, levando as mães a não se desligarem deles, mas manterem o vínculo através de uma circulação temporária. Assim, mantêm-se os vínculos de *sangue* junto aos de *criação*, ambos definindo os laços de parentesco, atualizando o padrão de incorporação de agregados que tradicionalmente caracteriza a família brasileira (Freyre, 1980). Através das crianças, reafirmam-se, ao mesmo tempo, os vínculos com seu grupo de referência.

Mãe e Pai: nas horas boas e ruins...

A prática de adoções informais e temporárias acaba relativizando as noções de *pai* e *mãe*, o que implica uma elasticidade no uso dessas categorias. As crianças chamam de *pai* e *mãe* aqueles que *cuidam* deles. A pessoa que cuida sente-se no direito legítimo de ser assim chamada e reivindica esta nomeação. O avô, quando mora com os filhos de suas filhas solteiras, é invariavelmente o *pai*, assim como o marido da mãe pode também assim ser chamado, sobretudo quando o genitor (pai biológico) não tem mais contato sistemático com os filhos.

Uma das famílias que moram no local é constituída pelo homem, casado pela segunda vez, vivendo com os três filhos do seu primeiro casamento, os três do primeiro casamento da sua mulher e um filho desta segunda união. A mãe biológica das crianças trabalha fora e mora na casa contígua à dele, com entrada pela rua de trás. Segundo seu relato, ele e a segunda mulher são os que *cuidam*, e os filhos do primeiro casamento chamam a sua segunda mulher de *mãe*, e a mãe biológica pelo nome próprio. Dessa situação, ele disse ter uma *teoria*:

> *Mãe é a que cuida deles [...] não aquela que vive pelo mundo, talvez na sua vaidade, ou talvez na sua necessidade, não assiste o seu crescimento, o seu desenvolvimento. Então eu acho que mãe é aquela que realmente zela pela criança.*

As categorias *pai* e *mãe*, desvinculando-se da origem biológica, reforçam os vínculos de *criação*. Assim comentou um homem de 24 anos, que tem um irmão adotivo e cuja mulher tem filhos de outro casamento:

> *Quando ele [o irmão de criação] tinha mais ou menos uns dez anos, minha mãe contou toda a história para ele, apresentou a mãe dele, a avó dele, a família... toda a família e ele não se importou com nada. Ele falou: "este é meu lar, estes são meus pais". E está até hoje com minha mãe, reconhece como mãe, gosta dela... tudo... até hoje.*

E sobre a filha de sua mulher:

> *Eu acho que todo mundo tem que saber a verdade. Se um dia... se eu conheço o pai dela, se ele aparecer dizendo que é o pai, espero que ela já tenha idade suficiente para julgar quem realmente é o pai. Não pelo fato de fecundar, mas pelo carinho, pelo amor, por estar junto... nas horas boas e ruins...*

Diante do fato cultural de que o cuidado da criança é preferencialmente confiado à mãe e à sua rede de sociabilidade, torna-se evidentemente mais fácil desvincular a categoria *pai* de sua origem biológica de *sangue*. Mesmo assim, embora o genitor (pai biológico) não crie a criança e, por isso, não *mereça* o afeto e a designação de pai, por não *estar junto, nas horas boas e ruins*, não se desfaz a imagem idealizada de um pai de *sangue*. Confirmando o habitual desconforto diante de situações formalizadas, que caracteriza os pobres, uma mulher casada comentou as soluções para os casos de separação conjugal, argumentando que, *ao contrário do que diz a lei*, quando os filhos são pequenos, é melhor não verem o pai, em lugar de verem em dias marcados. Em sua opinião, é ruim para a criança ver que o pai não volta para casa, não está, portanto, *nas horas boas e ruins*. Os filhos devem, então, ver o pai quando crescerem, se, por iniciativa própria, quiserem saber do pai, porque o que conta é quem *está junto*.

No caso da *mãe*, o vínculo biológico não perde sua força simbólica. Chamar várias mulheres de *mãe* não exclui a idealização do laço biológico mãe-filho. O trabalho de Fonseca (1995) mostra como, mesmo nos casos em que a criança é cuidada por outras que não sua mãe biológica, esta é reconhecida e reivindica o *status* de *verdadeira mãe*. "*Mãe* também é quem criou, mas a *verdadeira mãe* é uma só".

A coexistência das categorias de *sangue* e de *criação*, como parte do sistema de parentesco dos pobres, permite a manipulação, sobretudo entre as mulheres, de demandas sobre a criança, ou o seu uso como instrumento de outras demandas. Cada parte reivindica de acordo com os direitos que sua posição — de *mãe que criou* ou de *verdadeira mãe* — lhe confere, dando expressão a inúmeros conflitos e rivalidades.

São particularmente marcantes os casos de avós que criam os filhos de suas filhas solteiras, em que o *sangue* se sobrepõe à *criação*, conferindo à avó um poder de manipulação singular, porque se inscreve na relação hierárquica entre mãe e filha. A pertinência ao mesmo grupo de *sangue*, pela linhagem, e seu estatuto de poder sobre a filha levam a avó a "se apropriar" da criança, que a chama de *mãe*, enquanto a mãe biológica é chamada pelo nome próprio, sendo privada de seu lugar de mãe. Nos casos observados, a filha acaba saindo de casa e deixando o filho, *porque não tenho condições de criá-lo*, o que configura uma maneira indireta de *expulsar de casa* a mãe solteira, opção sempre negada no discurso.

Embora a rede de parentesco possa ser caracterizada pela indiferenciação entre parentes de *sangue* e de *criação* e o tratamento dado aos *filhos de criação* — crianças *dadas para criar* — tenda também a ser indiferenciado, isso não quer dizer que essa distinção não seja manipulada nos conflitos, fazendo com que nem sempre as crianças que não fazem parte do núcleo original sejam tratadas da mesma maneira. Isso pode acontecer em relação aos *filhos de criação*, mas aparece particularmente em relação aos filhos de uniões anteriores do cônjuge:

> Ninguém quer criar filho de outro homem, dar comida a filho de ninguém, depois ficar jogando na cara da mulher. Arruma uma briguinha assim e joga na cara da mulher...

Quanto às obrigações morais dos filhos com relação aos pais, os pais que *criam* e *cuidam* são merecedores de profunda *retribuição*, sendo um sinal de ingratidão o não *reconhecimento* dessa contrapartida.

Dentro das possibilidades com as quais conta uma mulher que engravida e que, na sua concepção, *não tem condições de criar o filho*, está o aborto, nem sempre moralmente aceito, ainda que se justifique *por necessidade*, como foi comentado. Em função dessa interdição moral, *dar os filhos para criar* é uma alternativa aceitável dentro de seus códigos morais, não sendo necessariamente expressão de um desafeto:

> De repente, você pode até achar uma pessoa, uma família que queira, que você saiba que vai cuidar bem...

As adoções temporárias — ou circulação de crianças — criam uma forma de *apego*, uma afetividade distinta das relações estáveis e duradouras. O sentimento de uma mãe ao *dar seu filho para criar*, como uma questão de ordem sociológica, diz respeito a um padrão cultural no qual as crianças fazem parte da rede de relações que marca o mundo dos pobres, constituindo "dádivas", como observou Fonseca (1995). Assim, *criar* ou *dar* uma criança não é apenas uma questão de possibilidades materiais, mas se inscreve dentro do padrão de relações que os pobres desenvolvem entre si, caracterizadas por um dar, receber e retribuir contínuos.

Projetos familiares

O casamento é o projeto inicial através do qual começa a se constituir a família. É por intermédio do casamento que são formulados os projetos de *melhorar de vida*, nunca concebidos individualmente, mas em termos da complementaridade entre o homem e a mulher. Se a mulher deposita no homem/marido suas expectativas de *ter alguma coisa na vida* e interpõe entre ela e o mundo a figura masculina, a contrapartida aparece claramente no discurso dos homens, para quem:

A gente sozinho nunca consegue nada. Tem que haver união, porque se eu lutar sozinho, eu não vou conseguir nada. Mesmo que ela não trabalhe, mas ela... economizando a gente chega lá, aonde a gente quer chegar, porque estando os dois é mais fácil, né? Um é bem mais difícil, porque não tem aquela responsabilidade que tem depois de casado. A maioria dos casal aí só tem as coisa depois que casa. Não sei se é praga, o que é, se é descaração mesmo do homem. Mas o cara só consegue as coisa mesmo quando casa. Aí consegue progredir.

Esse projeto tem época certa:

Já tinha mocidade, já dava para casar e me aquietar. Eu já tinha namorado demais, já tinha aproveitado minha vida o que dava para aproveitar... já estava para casar... ter alguém para cuidar da minha vida.

O casamento para o homem significa parar de *zoar*. Esse tempo de *zoeira* é *época boa*, etapa necessária para aquisição do código masculino de sociabilidade. Transitar no mundo da rua é parte do processo de tornar-se homem. Isso se dá nos bares, no bairro ou nas redondezas. Essa etapa, no entanto, tem limites. Ficar nessa *não leva a nada*. Depois de se divertir, *é preciso aquietar*. É quando o homem começa a pensar em *namorar para casar*, em ter uma *responsabilidade* na vida. O casamento passa a ter contornos de um projeto, com véu e grinalda ou simplesmente juntando os trapinhos. *Não dá mais para sair na sexta-feira e só voltar na segunda*. Começa a se delinear, com matizes e nuances, a imagem do *homem de respeito*, o pai de família.

Sem a família, os rendimentos do trabalho masculino *desperdiçam-se* naquilo que *não leva a nada*. Sem os papéis familiares que conferem sentido ao desempenho masculino no mundo do trabalho, a própria atividade de trabalhar não faz sentido; ao mesmo tempo em que a expectativa depositada no homem de ser o provedor familiar, como foi mencionado, o coloca continuamente diante da possibilidade do "fracasso".

O casamento legal e o religioso são considerados moralmente superiores à união consensual, conferindo maior respeitabilidade ao casal e legitimidade ao lugar de *marido* e de *esposa*. A primeira união conjugal é sempre pensada e idealizada como uma união referendada pela lei de Deus e dos homens, enquanto as uniões subseqüentes se constituem como uniões consensuais, fazendo do divórcio um recurso raramente utilizado entre os pobres.

Do ponto de vista da família de origem, há o momento de casar,

[...] porque não pega bem a gente passar toda uma vida solteira dentro de casa, dando trabalho para o pai e para a mãe. Porque, por mais que a gente seja o que a gente é [todo o rendimento do seu trabalho vai para "dentro de casa"], eles sempre acham que a gente está dando trabalho, não é mesmo? Principalmente, quando estão caindo para a idade... eles querem mais é ficar sozinhos, porque eles já criaram a gente, né? Já fez de tudo pela gente e agora... de repente a gente fica velho e em vez de casar e procurar o rumo da gente... a gente fica dentro arrumando mais trabalho para eles. Está errado, né?

Nesta casa, duas das filhas são mães solteiras, cujos filhos são criados por sua família, situação que se contrapõe à formulação do projeto de *melhorar de vida*. Em que consiste, afinal, esse projeto?

A população pobre que vive em São Paulo tem todas as aspirações que a cidade lhe apresenta e que a televisão estimula e uniformiza; está exposta à individualização que a cidade impõe, através do trabalho e do consumo. O jovem pobre urbano tem planos de *melhorar de vida*, como seus pais que migraram; mas esses planos se formulam dentro de um universo de valores no qual as obrigações morais são fundamentais, porque sua existência está ancorada nessa moralidade.

A elaboração de projetos individuais para *melhorar de vida* através do trabalho esbarra nos obstáculos do próprio sistema onde se inserem como pobres e torna-se particularmente problemática diante das obrigações morais em relação a seus familiares ou a seus iguais, com os quais obtêm os recursos para viver. Assim, os projetos, em que a idéia de *melhorar de vida* está sempre presente, são formulados como projetos familiares. *Melhorar de vida* é ver a família *progredir*. O trabalho é concebido dentro desta lógica familiar, constituindo o instrumento que viabiliza o projeto familiar e não individual, embora essa atividade seja realizada individualmente.

Delimitação moral da idéia de família

A família, para os pobres, associa-se àqueles em quem se pode *confiar*. Sua delimitação não se vincula à pertinência a um grupo genealógico, e a extensão vertical do parentesco restringe-se àqueles com quem convivem ou conviveram, raramente passando dos avós. O uso do sobrenome para delimitar o grupo familiar a que se pertence, recurso utilizado pelas famílias dos grupos dominantes brasileiros para perpetuar o *status* (e poder) conferido pelo *nome de família*, é pouco significativo entre os pobres. Como não há *status* ou poder a ser transmitido, o que define a extensão da família entre os pobres é a rede de obrigações que se estabelece: são *da família* aqueles *com quem se pode contar*, isto quer dizer, aqueles que retribuem ao que se dá, aqueles, portanto, para com quem se tem *obrigações*. São essas redes de obrigações que delimitam os vínculos, fazendo com que as relações de afeto se desenrolem dentro da dinâmica das relações descritas neste capítulo.

A noção de família define-se, assim, em torno de um **eixo moral**. Suas fronteiras sociológicas são traçadas a partir de um princípio da obrigação moral, que fundamenta a família, estruturando suas relações. Dispor-se às obrigações morais é o que define a pertinência ao grupo familiar. A argumentação deste trabalho vai ao encontro da de Woortmann (1987), para quem, sendo necessário um vínculo mais preciso que o de *sangue* para demarcar quem é parente ou não entre os pobres, a noção de *obrigação* torna-se central à idéia de parentesco, sobrepondo-se aos laços de *sangue*. Essa dimensão moral do parentesco, a mesma que indiferencia os filhos de *sangue* e de *criação*, delimita também sua extensão horizontal. Como afirma Woortmann (1987), a relação entre pais e filhos constitui o único grupo em que as obrigações são dadas, que *não se esco-*

lhem. As outras relações podem ser seletivas, dependendo de como se estabeleçam as obrigações mútuas dentro da rede de sociabilidade. Não há relações com parentes de *sangue*, se com eles não for possível dar, receber e retribuir.

As retribuições que se esperam nas relações entre os pobres não são imediatas. Por isso, é necessário *confiar*. Como salientou Woortmann (1987), "o fato importante é a ausência de cálculo de dívida explícito" (p. 197). É precisamente a falta de *interesse* que marca as relações familiares, na medida em que o interesse constitui uma categoria fundamentalmente individualista, em oposição à noção de *necessidade*, utilizada pelos pobres como critério para definir a obrigação de ajuda. A pessoa ajuda quem *tem precisão*, na certeza de que será ajudada quando chegar a sua hora. Não se trata, portanto, de um dar e receber imediatos, mas de uma cadeia difusa de obrigações morais, em que se dá, na certeza de que de algum lugar virá a retribuição, tendo na crença em Deus a garantia de continuidade da cadeia: *Deus provê*. Em última instância, essa moralidade está ancorada, então, numa ordem sobrenatural.

Concluindo o capítulo, a família interessa à argumentação deste trabalho como **um tipo de relação**, na qual as obrigações morais são a base fundamental. A família como ordem moral, fundada num dar, receber e retribuir contínuos, torna-se uma referência simbólica fundamental, uma **linguagem** através da qual os pobres traduzem o mundo social, orientando e atribuindo significado a suas relações dentro e fora de casa.

Capítulo 4

A MORAL NO MUNDO DO TRABALHO

"Dá tanto quanto recebes, tudo estará muito bem."

Provérbio maori, citado por Marcel Mauss

A literatura sobre os pobres urbanos já demonstrou a heterogeneidade dos moradores da periferia e dos subúrbios no que se refere à sua inserção no mercado de trabalho, contraposta à relativa uniformidade de seus rendimentos e de seu modo de vida, e ressaltou a importância do local de moradia como base de uma identidade coletiva (Magnani, 1998; Caldeira, 1984; Sarti, 1985a; Zaluar, 1985; Durham, 1988).

Os moradores do bairro que pesquisei reproduzem essa heterogeneidade, trabalhando na indústria, no comércio ou no setor de serviços, e apresentam, por outro lado, uma significativa homogeneidade no que se refere aos seus baixos rendimentos e à sua qualificação. A predominância é de trabalhadores assalariados não-especializados, e, entre os autônomos, os não-especializados são também a maioria. Sua renda média não passa de dois salários mínimos, segundo o *survey* feito em 1980 no bairro.[1] Refiro-me neste

---

1. A porcentagem de assalariados não-especializados era de 70% em 1980, e a de prestadores de serviços igualmente não-especializados, incluindo o serviço doméstico, era de 14%, compondo nitidamente um quadro de trabalhadores não-especializados no bairro (84%), ainda que a maioria esteja formalmente ligada ao mercado de trabalho.

capítulo, portanto, ao sentido do trabalho para os trabalhadores "desqualificados", formalmente vinculados em sua maioria ao mercado de trabalho, embora haja também entre eles os que vivem de *biscate*. Esse sentido foi apreendido a partir do discurso dos moradores sobre o trabalho que realizam, quase sempre fora do espaço do bairro onde a pesquisa foi feita. São trabalhadores que se representam pela clara definição de um deles sobre si mesmo:

> *Eu não tenho nada, eu tenho só a saúde e a disposição para trabalhar.*

Pobres *e* trabalhadores

A identidade masculina, na família e fora dela, associa-se diretamente ao valor do trabalho, não apenas para os pobres. O trabalho é muito mais do que o instrumento da sobrevivência material, mas constitui o substrato da identidade masculina, forjando um jeito de ser homem. É condição de sua autonomia moral, ou seja, da afirmação positiva de si, que lhe permite dizer: *eu sou*.

Na auto-imagem dos homens moradores da periferia, a identidade de *trabalhador* confunde-se com a de *pobre*. Definem-se como *pobres* **e** *trabalhadores*, sendo as duas categorias igualmente importantes para sua localização no mundo social. Partindo da identificação dessas duas categorias, procurei entender o sentido particular do trabalho para os pobres. A identidade de *pobre* carrega a conotação negativa que o termo encerra em si:

> *Tem aquela frase lá, que quando a pessoa é pobre, pé-rapado, não presta. Então, a gente tem que mostrar para as pessoas ricas, que nem no caso da gente ser um empregado, que a gente é pobre, mas a gente é honesto, a gente quer vencer, então a gente tem que mostrar que a gente também somos gente igual a eles.*

Pobre, categoria carregada de conotações morais, não diz respeito apenas às desigualdades sociais, mas, sendo relativizada pelo prisma moral, é

> [...] *aquela pessoa pobre de espírito. Aquela pessoa que ela cai num buraco, em vez dela tentar subir, ela cava um buraquinho para descer, descer, descer...*

A FAMÍLIA COMO ESPELHO

É através do trabalho, então, que demonstram **não** serem *pobres:* através de sua *honestidade*, sua *disposição* de *vencer*, tornam-se, por esses atributos morais, *iguais a eles*. *Vencer* aqui não significa necessariamente ascender socialmente, mas se afirmar pelo valor positivo do trabalho. Ao lado da negatividade contida na noção de *ser pobre*, a noção de *ser trabalhador* dá ao pobre uma dimensão positiva, inscrita no significado moral atribuído ao trabalho, a partir de uma concepção da ordem do mundo social que requalifica as relações de trabalho sob o capital. Se o trabalhador se localiza como *pobre* no mundo social, não se considera *pobre de espírito*, porque tem os valores morais que lhe permitem, quando *cair no buraco, se levantar*. É através do trabalho que os *pobres* realizam esta *disposição* de *se levantar*. O valor moral atribuído ao trabalho compensa as desigualdades socialmente dadas, na medida em que é construído dentro de outro referencial simbólico, diferente daquele que o desqualifica socialmente.

Neste capítulo, pretendo tratar do universo do trabalho, procurando entender em que se fundamenta a ética pela qual ele é regido, e que não apenas legitima e justifica a submissão à disciplina do trabalho, mas atribui um sentido positivo à existência dos *pobres* e *trabalhadores*. É precisamente na imbricação destas duas categorias no universo simbólico dos pobres que se pode entender o fundamento de sua ética do trabalho. O sentido desta imbricação perde-se na concepção sociológica *a priori* do trabalho (como mencionei no capítulo dois), visto apenas na perspectiva de sua "exploração", que é o resultado da forma como ele é organizado na sociedade capitalista. Mesmo quando os estudos consideram a concepção que dele fazem os próprios *trabalhadores*, os que assim se designam, tomando sua "experiência" como irredutível, isso não quer dizer que a ótica que reduz o trabalho à sua exploração deixe de informar a leitura.

O trabalhador como *homem forte*

Os pobres evidentemente avaliam o trabalho pelo critério fundamental do salário. Uma ocupação melhor remunerada será sem dúvida valorizada. Mas o valor do dinheiro, que é próprio da sociedade capitalista e seu "bem supremo", é relativizado pelo valor moral do trabalho. Exceto para aqueles que se engajaram no projeto propriamente de ascensão social antes mencionado, rompendo os vínculos com seu grupo de referência e norteando sua vida pelo princípio da "razão prática", o valor do trabalho se define dentro de uma lógica em que conta não apenas o cálculo econômico, mas o benefício moral que retiram desta atividade. O trabalho vale não só por seu rendimento econômico, mas por seu rendimento moral, a afirmação, para o homem, de sua identidade masculina de *homem forte para trabalhar*.[2]

A retradução do valor do trabalho sob o capital, que o torna *dignificante*, faz-se através da honra, ou seja, do direito ao orgulho de si mesmo, como define Pitt-Rivers (1988). A honra, entre os pobres, não estando associada à posição social, vincula-se à virtude moral, como afirmação de si em face do olhar dos outros, sendo o trabalho um dos instrumentos fundamentais dessa afirmação pessoal e social. No que se refere ao trabalho, a honra pode estar contida no fato de se *ter uma profissão*, reproduzindo em sua aspiração o orgulho das corporações de ofício pré-capitalistas; em *trabalhar por conta própria*, sem precisar ter um *chefe nas costas da gente*, reafirmando seus anseios de autonomia através do trabalho; ou, em face dos trabalhos "desqualificados" que têm a seu alcance, traduzemnos como *trabalho duro*, *serviço pesado* que exige qualidades morais como *coragem*, *força* e *disposição*.

Essa *disposição* para o trabalho, esse *ser pau para toda obra*, que caracteriza os pobres (ou os trabalhadores que se ocupam de atividades socialmente desqualificadas), é vivida como uma qualidade positiva, uma dádiva, que compensa as desigualdades sociais. Ela é mesmo percebida como uma vantagem relativa, levando os pobres a considerarem que, em última instância, o *rico* depende mais do *pobre* do que o inverso, porque o pobre, embora *não tenha nada* tem *saúde* e essa *disposição para trabalhar*, capacidade da qual ninguém o priva, porque é concebida como dada por Deus:

---

2. Esse valor positivo atribuído ao trabalho pelos moradores da periferia de São Paulo é ressaltado no plano dos estereótipos, segundo Paes (1983) nos sambas "diferencialmente paulistas", de Adoniran Barbosa, que retratam o mundo suburbano do trabalho.

Quando Deus dá à gente tudo o que a gente precisa, a coragem, a disposição, a gente faz o serviço.

A potencialidade para trabalhar, transformada em mercadoria a ser vendida em troca do salário no sistema capitalista de produção, que corresponde, na análise de Marx, à noção de "força de trabalho", é, para os trabalhadores, a sua *disposição* e *força*, concebidas como dádivas divinas, como fazendo parte da ordem da natureza. A *disposição* para o trabalho, já em si uma graça, é complementada por outra graça, a da *boa vontade para aprender*. Como me disse uma mulher:

> R: *Se os pobres tiver uma lavoura, tiver uma condição de viver, eles também não vai depender tanto dos ricos, tanto quanto os ricos precisa da gente. Uma comparação: você precisa de um vestido para fazer. Você não sabe fazer, agora eu sei fazer. Se você não vir ni mim para mim fazer o vestido para você, você não vai vestir aquele vestido. Uma que você não sabe fazer, e eu sei fazer. Você tem o dinheiro, eu não tenho o dinheiro, mas eu sei fazer. Aí é onde está, entendeu?*
>
> P: *Então o rico tem o dinheiro, mas...*
>
> R: *... mas não tem boa vontade de aprender, de fazer que o pobre faz.*

Essa *disposição* é vivida como o fundamento de sua autonomia. Para tê-la, no entanto, é preciso *saúde*, um valor relacionado ao trabalho. O corpo é o instrumento do trabalho, não apenas para sobreviver, mas para mostrar-se *forte*. Também a saúde tem um valor moral. O trabalho de Costa (1993), analisando o universo simbólico no qual se inscreve o trabalho entre os cortadores de cana que entrevistou na periferia de Ribeirão Preto, mostra como, em sua concepção, sobressai a exigência de *esforço físico* e de *disposição*, portanto, de *saúde*, para que o ganho possa satisfazer as necessidades familiares, de um lado, e para que, de outro lado, suado e exausto depois de uma jornada, possa dizer: *É trabalho de gente forte* (cf. Costa, 1993:133).[3]

---

3. De modo semelhante ao dos moradores da periferia de São Paulo, no discurso dos trabalhadores entrevistados por Costa (1993), o trabalho é avaliado ora pelos critérios da ordem econômica capitalista, onde o que conta é o salário, ora por critérios de ordem moral, onde o que importa é a honra do trabalhador.

Mesmo não *tendo nada*, ele tem *saúde* e *disposição para trabalhar*. Assim, a saúde, sendo uma condição para o trabalho, faz com que aquele que, no registro do poder, é fraco e pobre torne-se *forte* e *rico*:

"É rico e forte porque tem saúde e pode, assim, manter a riqueza moral de trabalhador e pai de família" (Costa, 1993:125).

A dimensão moral da capacidade física do trabalhador, corporificada na noção de *saúde*, foi também sugerida e analisada por Duarte (1986). Ele mostra que a capacidade moral se associa às categorias de *responsabilidade*, *obrigação*, *vontade* e *coragem*, enquanto a capacidade física, às categorias tais como *resistência*, *força* e *disposição*, "que irão servir a idéias ou compor locuções físico-morais" (1986:257).

O trabalho, conferindo *dignidade* ao pobre por ser o fundamento de sua autonomia moral, legitima sua reivindicação de *respeito*, dentro da mesma lógica em que o trabalhador reivindica o *respeito* de seus familiares e garante, como *chefe da família*, a respeitabilidade de seus familiares. O trabalhador dá seu suor e reclama a contrapartida do *respeito*, o que se traduz na exigência do *reconhecimento* de que ele faz a parte que lhe cabe. A dignidade do esforço implícito no trabalho possibilita inverter o rito de autoridade de que fala Da Matta (1979), e, do legítimo lugar de *trabalhador*, que reconhece a honra de sua condição e reivindica a contrapartida do reconhecimento desta honra, o pobre pode virar o jogo e dizer o seu "Você sabe com quem está falando?".

Essa dimensão positiva do trabalho, misturando fundamentos morais e religiosos aos econômicos, constrói a auto-imagem do trabalhador e, legitimando um lugar de respeitabilidade, articula-se também na dimensão política, ao definir os limites da autoridade legítima nas relações de trabalho, da "boa autoridade" que leva à "boa obediência" e, assim, qualificar o que se torna abuso da autoridade, quando a *dignidade* do trabalhador não é respeitada.[4]

---

4. Abramo (1988 e 1999) interpreta o sentido das greves de 1978 como uma exigência de resgate da dignidade do trabalhador, numa conjuntura em que a violência nas relações de trabalho chegou a um ponto extremo. Ainda que sua análise se refira a essa conjuntura específica, suas conclusões sobre o comportamento dos grevistas parecem-me remeter, com muita propriedade, a traços estruturais de sua concepção do trabalho e de sua auto-imagem como trabalhadores.

A noção de *dignidade* funda-se num princípio de obrigações nas relações de trabalho, no qual a assimetria não é posta em questão. Não se trata do princípio igualitário que se expressa na lei, mas de um princípio relacional, de *obrigações* (como na família), em que cada um tem uma parte a cumprir. Os *pobres* e *trabalhadores*, neste registro, fazem sua exigência de *respeito* não como cidadãos, mas como seres humanos que são *filhos de Deus*, ancorando-se numa ordem da natureza — legitimada por uma perspectiva sobrenatural, e não na lógica da vida pública — para estabelecer os parâmetros que delimitam o respeito à *dignidade* do trabalhador.

Nesta concepção, é a **honra** que está em questão e não o **direito** fundado na noção de cidadania, dois referenciais distintos, mas que se entrecruzam quando, em nome da **honra**, que lhe confere o fato de ser *pobre, trabalhador* e *filho de Deus*, abre-se a possibilidade de o trabalhador reivindicar um **direito**, que, embora seja concebido como parte da ordem da natureza e do sobrenatural, pode resultar efetivamente, por linhas tortas, em uma conquista no plano da cidadania.

Pitt-Rivers (1988) mostra, em seu estudo sobre a honra, que esta se coloca em oposição ao princípio da cidadania, definindo-se como um código em conflito com a legalidade. Se o código de honra é um valor aristocrático, o princípio da honra não se restringe aos aristocratas, manifestando-se em diferentes épocas históricas, em diferentes espaços sociais, de acordo com as tradições culturais particulares a cada época e espaço, tendo em comum a contraposição à lei. Assim, os aristocratas desprezaram as leis, porque se consideravam "acima" dela, enquanto os "marginais", mesmo "fora" da lei, a substituem por seus próprios princípios. Quanto à importância do princípio da honra entre os pobres, é no primado dos costumes sobre a lei, fundado no reconhecimento da desigualdade reproduzida na lei que favorece os *ricos*, que se pode entendê-la. Mesmo porque, a lei é para *eles*, os outros, que pertencem ao mundo dos poderosos:

> Porque no Brasil só tem justiça, só tem polícia para **P.P.**: preto e pobre.
> Porque branco pobre no Brasil também é preto. É a mesma justiça para os
> dois.

No mundo dos pobres, a "lei justa" vem antes de Deus que dos homens. É a justiça divina que os iguala enquanto *filhos de Deus*.

Para os trabalhadores que se ocupam de profissões socialmente desqualificadas, a ascensão social através do trabalho, possibilitando a aquisição dos bens supremos da sociedade capitalista, riqueza, prestígio e poder, embora não esteja fora de cogitação, pelo menos como aspiração, não se constitui como o centro de suas referências simbólicas. Os pobres, sem dúvida, aprendem em casa e na escola que é através de seu trabalho e esforço que o indivíduo deve achar seu lugar no mundo social (Verçosa, 1985) — esta moral que anima o trabalho sob o capital, criando a possibilidade de mobilidade social no mundo moderno. Fazem dessas lições, entretanto, uma leitura própria, a partir do valor moral que atribuem ao trabalho. O trabalho não é pensado somente como instrumento para ascender socialmente; se buscam aumentar seus ganhos, fazem-no dentro do projeto coletivo de *melhorar de vida*, concebido dentro da lógica de obrigações entre os familiares e não apenas em função dos preceitos da razão prática. O projeto de ascensão, quando concebido nos termos individualistas da razão prática, faz romper as fronteiras do mundo dos pobres, não pelo ganho mais elevado, mas porque rompe a cadeia de obrigações entre os iguais, configurando não um projeto de *melhorar de vida*, mas um projeto de *subir na vida*.

O estudo de Woortmann (1984) mostra como as estratégias individuais de entrada no mercado de trabalho de cada um dos membros da família (formuladas, evidentemente, a partir das possibilidades do mercado) obedecem a um projeto coletivo da família. Essas estratégias, que, como mostrou o autor, respondem aos papéis familiares, não visam apenas a sobrevivência, não são somente determinadas por motivos pragmáticos. Ao contrário, as "escolhas", para viver e sobreviver, são fundadas numa moralidade que envolve obrigações mútuas. São elas que permitem ao jovem dar, se não inteiro, pelo menos uma boa parte dos seus rendimentos à mãe para cobrir os gastos da família, privando-se, não sem conflitos, do dinheiro que ganhou individualmente. São elas também que fazem o homem entregar à sua mulher seu salário inteiro (ou quase), orgulhoso de cumprir o papel masculino de *pôr dinheiro dentro de casa*. Em relação à família, o trabalho é parte de um compromisso de troca moral.

Como a realidade social não é unívoca e a dominação não é absoluta, os indivíduos estão expostos a referências diversas, difíceis de compatibilizar, fazendo com que os sistemas simbólicos comportem sempre alguma ambigüidade e os valores se apresentem aos indivíduos de uma forma freqüentemente conflituosa. No caso dos pobres, essa ambigüidade se expressa no fato de que seus valores morais são construídos em conflito com o que o mundo capitalista lhes oferece como possibilidades, que também fazem parte de seu universo de referências simbólicas. A forma como avaliam o trabalho encerra esta ambigüidade, traduzida numa reavaliação do mundo do trabalho sob o capital, a partir de uma concepção da ordenação do mundo na qual constroem um sentido positivo para seu trabalho, afirmando-se perante si e os outros. Para eles, seu trabalho tem qualidades, definidas em termos morais, ainda que socialmente seja "desqualificado" ou "não-qualificado" e dificilmente sustente as aspirações que o mundo capitalista oferece.

O valor moral do trabalho, com o benefício que dele decorre, não se inscreve, então, apenas dentro da lógica do cálculo econômico do mercado. Através do trabalho, os pobres constroem uma idéia de autonomia moral, atualizando valores masculinos como a *disposição* e a *força* (não só física, mas moral), que fazem do homem homem.

O trabalhador como provedor

Na moral do homem, ser *homem forte para trabalhar* é condição necessária, mas não suficiente para a afirmação de sua virilidade. Um homem, para ser homem, precisa também de uma família. A categoria *pai de família* complementa a auto-imagem masculina. A moral do homem, que tem *força e disposição para trabalhar*, articula-se à moral do provedor, que *traz dinheiro para dentro de casa*, imbricando-se para definir a autoridade masculina e entrelaçando o sentido do trabalho à família.

O trabalho é o instrumento que viabiliza a vida familiar. *Trabalhar para si* aparece, tanto para o homem como para a mulher, como uma atividade sem razão de ser. O trabalho, para ambos, é concebido como parte complementar das atribuições familiares, segundo a lógica de obrigações que caracteriza as relações na família. Ao lado da realização de sua *disposição* de *homem forte para trabalhar*, o sentido do trabalho para o homem está na possibilidade de, através dele, cumprir o papel familiar de provedor. Esse papel atribui um significado singular ao trabalho, associado ao destino de seus rendimentos: prover a família.

No caso da mulher, a idéia de *trabalhar para os outros* (para a família) contribui para a valorização do trabalho doméstico e lhe dá o sentido necessário para sua identificação com essa atividade, como contrapartida da atividade masculina de provedor. No caso do homem, o "bom trabalhador", além de ser aquele que tem *disposição* para trabalhar, é sobretudo o "bom provedor". Importa que ele *traga dinheiro para dentro de casa*, como exprimem as mulheres sobre seus maridos. Assim, o "bom marido" é sempre descrito como aquele que *trabalha, não joga e não bebe*. Embora o jogo e a bebida sejam definidos como a transgressão exemplar às regras familiares, incansavelmente reiterados como tal, sua condenação recai sobre o fato de que essas atividades significam desvio do dinheiro, rompendo os preceitos de seu papel de provedor. Se ele bebe e joga, mas trabalha e traz dinheiro para casa, a reprovação se relativiza. Nessa lógica, como será comentado no próximo capítulo, relativiza-se também o valor moral do *bandido*, que passa a ser menos *bandido* se o dinheiro (conseguido por meios ilícitos) for para dentro de casa, porque a moral do trabalho se entrelaça com a moral da família.

A tradução da ética do trabalho como "ética do provedor" pelos pobres urbanos no Brasil foi proposta e analisada por Zaluar (1985), acentuando a ambigüidade de sua concepção do trabalho. Privados do orgulho próprio dos membros das corporações de ofício pré-capitalistas, da satisfação moral que traz a concepção religiosa do trabalho como um valor em si, própria do capitalismo em sua versão puritana, e de salários condignos que pudessem lhes dar alguma satisfação material, os trabalhadores pobres do Brasil, segundo essa autora, oscilam entre "a visão escravista do trabalho como sinal negativo, mais disseminada entre os jovens, e a concepção do trabalho como valor moral, sustentada pelos pais de família e suas mulheres." A autora argumenta que

"[...] neste último caso [...], o trabalho tem seu valor moral vinculado ao *status* do trabalhador como 'ganha-pão' do grupo doméstico e não à execução da atividade propriamente dita. [...] Não é, portanto, uma ética do trabalho, mas uma ética do provedor, que leva os membros da família a finalmente aceitarem a disciplina do trabalho. É assim que o trabalhador pobre alcança a redenção moral e, portanto, a dignidade pessoal" (Zaluar, 1985:120-1).

O que pretendo argumentar, diferentemente de Zaluar, é que a "ética do provedor" não se contrapõe à "ética do trabalho", mas ambas são uma coisa só. A ética do trabalho constitui-se em "ética do provedor" pelo modo particular como é formulada essa ética pelos trabalhadores pobres, a partir, precisamente, de uma concepção do trabalho e das relações de trabalho em que os fatores econômicos se articulam aos elementos morais para atribuir valor a essa atividade, que, assim, resulta de um entrelaçamento de lógicas distintas. Formulada dentro de uma moral que não é protestante, essa concepção tem igualmente um fundamento religioso, que não se estabelece na relação direta com Deus, mas, sendo de origem católica, se caracteriza pelas mediações e tem na idéia de Deus — o grande provedor — a fonte originária que alimenta essa cadeia de relações, que são fundamentalmente de obrigação moral. É precisamente na medida em que o trabalho viabiliza relações fundamentais para a existência dos pobres, como as da família, "provendo-as" de sentido, ao mesmo tempo em que essas relações "provêem" o sentido do trabalho, que se constrói uma ética do trabalho.

Essa lógica da casa, na expressão de Da Matta (1985), que impregna o trabalho, esclarece os diferentes significados que tem o trabalho remunerado do homem e da mulher. Dentro desta lógica, analisada no capítulo anterior, prevalecem as diferenças de gênero. Assim como o trabalho do "provedor" é um atributo masculino, o trabalho feminino tem sua significação referida ao lugar da mulher no universo familiar. Essa concepção diferenciada do trabalho, quando feito por homens, mulheres ou crianças, alimenta-se reciprocamente no mercado de trabalho, na medida em que este diferencia a força de trabalho a partir de uma lógica familiar, na qual o homem é o trabalhador principal e provedor, enquanto a mulher e os jovens são trabalhadores secundários.[5]

Considerar as discriminações contra a mulher decorrentes desta forma sexuada de organização do trabalho levou, em alguns casos, a borrar diferenças significativas na concepção do trabalho para as mulheres de diferentes condições sociais, ou a minimizar o sentido dessas diferenças, uniformizando equivocadamente o trabalho feminino remunerado como afirmação da individualidade da mulher.

Trabalho feminino: doméstico e remunerado

Neste entrelaçamento do trabalho com a família, aparece a mesma positividade do trabalho no discurso das mulheres, mas, neste caso, tendo como foco o trabalho doméstico que, muito além do sentido concreto de lavar, passar, cozinhar, limpar e arrumar, significa, junto com a maternidade, o substrato fundamental da construção da identidade feminina, definindo um jeito de ser mulher sempre enredado em intermináveis lides domésticas, neste mundo social fortemente recortado pela diferenciação de gênero.

Através do trabalho doméstico, e do esmero com que é feito, realizam-se valores morais fundamentais dos pobres relacionados ao espaço da casa, sobretudo a limpeza, como têm acentuado vários estudos sobre os pobres (Macedo, 1979; Caldeira, 1984; Da Matta, 1993b). A área da cozinha, como e o que comer, a preparação e a distribuição dos alimentos, domínios femininos, envolvem um cuidado especial com relação ao que constitui outro valor fundamental, a comida, através da qual não apenas se alimenta a si, mas também se expressa a prodigalidade de alimentar os outros, como mencionei no capítulo anterior.

Uma mulher casada, de 25 anos, com filhos pequenos, disse que, se ficasse rica, entre suas aspirações não se incluía ter uma

---

5. Essa lógica que informa a divisão sexual do mercado de trabalho foi uma questão central na delimitação de uma literatura específica sobre o trabalho feminino, desenvolvida sob o impacto das reivindicações feministas. Ver as resenhas de Pena (1980a e 1981), Bruschini (1985) e Sarti (1985b) sobre as origens desta reflexão no Brasil.

empregada doméstica, porque o trabalho doméstico é "sua" atividade, com a qual não só se identifica, mas se confunde:

Eu gosto da minha casa, eu gosto de fazer a faxina e limpar e ver que eu limpei, que ficou limpinho que eu gostei de pôr aquilo ali, aquilo lá [...].

E acrescentou:

Mas eu queria as modernidade eletrônica!

Nesse depoimento está contido todo o sentido subjetivo do trabalho doméstico: ele pode ser objetivamente facilitado, são bem-vindos os aparelhos eletrodomésticos, mas não é substituível, porque é uma atividade que não é considerada "trabalho", mas parte do ser mulher, da qual ela retira a satisfação de ver a tarefa que lhe cabe bem feita — a casa *limpa e arrumada* nos pequenos detalhes, os filhos bem vestidos, a família alimentada —, dando-lhe um sentido de *dignidade*.

Quanto ao trabalho remunerado da mulher, por mais secundário que seja seu lugar na família, o fato é que ela freqüentemente trabalha, ainda que intermitentemente, dividindo com os filhos as entradas e saídas do mercado de trabalho, de acordo com as necessidades e possibilidades da família.[6] Diante do fato histórico de que a mulher pobre sempre trabalhou remuneradamente, o trabalho feminino inscreve-se na lógica de obrigações familiares e é motivado por ela, não necessariamente rompendo seus preceitos e não obrigatoriamente configurando um meio de afirmação individual para a mulher. O trabalho da mulher pobre não constitui uma situação nova que forçosamente abale os fundamentos patriarcais da família pobre, porque não desestrutura o lugar de autoridade do homem, que pode se manter, sendo, inclusive, transferido para outros homens da rede familiar, como foi argumentado no capítulo anterior.[7]

---

6. O caráter intermitente do trabalho feminino remunerado foi comentado por Zaluar (1985) e em meu trabalho anterior (1985a).

7. A pesquisa de Fonseca (1987) confirma esta visão, ao mostrar que o emprego remunerado não muda o *status* da mulher dentro da casa. Meu argumento é que não muda necessariamente, porque mantém a estrutura da família, como procurei demonstrar anteriormente.

A entrada no mercado de trabalho é um fenômeno social novo para as mulheres de camadas médias e altas, profissionais de alta qualificação, fatia do mercado antes primordialmente preenchida por homens. Se a baixa qualificação, baixa remuneração e sobrecarga de tarefas domésticas/remuneradas fazem o trabalho remunerado pouco gratificante e cansativo, o sentido do trabalho feminino subordinado às obrigações familiares, que vêm em primeiro lugar para a mulher, pode, por essa mesma razão, justificar essa atividade e levar à gratificação de saber que, pelo seu trabalho, a mulher verá seus filhos vestidos, a comida na mesa, a família bem alimentada.[8]

O trabalho pode trazer também à mulher a satisfação de ter algum *dinheirinho seu*, parco que seja, afirmando em algum nível sua individualidade, mesmo que seus rendimentos não se destinem para si mesma, uma vez que esta individualidade não deixa de ser referida à família. Ou, ainda, o trabalho pode lhe proporcionar a gratificação de, *pelo menos, sair de casa* — uma atividade que a retira do confinamento doméstico:

> *Só de pegar aquele ônibus e ver todo aquele movimento, toda aquela gente passando...*

No discurso masculino, aparece o outro lado da mesma moeda. Um homem casado de 27 anos, num depoimento exemplar, confirma a posição masculina como o provedor principal — *quando o marido tem condições, não digo de dar tudo...* — e, em contrapartida, a da mulher prioritariamente como esposa, mãe e dona-de-casa — *pelo certo mesmo, a mulher não deveria ir trabalhar*. E ainda, assinala a sobrecarga de trabalho doméstico e remunerado como um ponto desfavorável ao trabalho feminino, assim como a desqualificação social de seu trabalho que não compensa os sacrifícios, *um serviço que maltrata*, a *condução lotada...*

> *Quanto à mulher trabalhar, não tem nenhuma diferença, desde que seja necessário. Porque quando o marido tem condições, não digo de dar tudo, por-*

---

8. A partir dos dados desta pesquisa, discuti mais detalhadamente os diferentes sentidos do trabalho remunerado para mulheres de distintas condições sociais e culturais (Sarti, 1997) em torno da questão da equiparação das aposentadorias por tempo de serviço entre homem e mulher.

que quem me dera poder dar tudo que a mulher queira, né? Agora, quando o marido tem condições de manter casa, não passar falta, acho que ela deve mais é estar esperando pelo marido, oferecendo aos filhos melhor atenção...

Expõe claramente suas razões:

Depois, eu acho que seria muito duro se, no meu caso, vamos supor, amanhã eu não tivesse a minha mulher, e eu ter que trabalhar o dia inteiro e depois chegar aqui e ter que lavar, passar, limpar e cozinhar...

E as razões que supõe serem dela:

E geralmente a mulher que trabalha, além dela assumir um serviço fora, ela ainda tem o lar pela frente... mesmo que tenha um pouquinho de ajuda do marido, mas não é como a mulher.

A não ser que fosse uma família bem conceituada, que tivesse uma empregada para fazer tudo, né? Até para cuidar dos filhos e tal... e ela tivesse um cargo... que não fosse um serviço muito chocante, um serviço que maltrata... aí seria uma boa... porque aí ela tinha chances de exercer uma bela função para ajudar a sociedade... Mas, para ela pegar uma condução lotada, sem chances de ter um carro para se conduzir ao serviço, para chegar lá e dar murro em ponta de faca, ou lavar louça... ou ser uma empregada na casa dos outros, e depois ainda vir para fazer o dela... se torna muito desgastante.

Além disso, há a privação dos cuidados maternos que o trabalho feminino implica:

Tem muitas famílias que, por causa da grande necessidade, a mulher sai para trabalhar, para ajudar, e esses filhos ficam desvirtuados, jogados na rua, começam a aprender o que não devem...

Assim, o trabalho da mulher está subsumido no desempenho do papel de mãe/esposa/dona-de-casa: que seja meio período, que seja em casa, que não afaste a mãe das crianças, reiterando a associação entre trabalho feminino e desordem familiar, já observada em estudos anteriores (Caldeira, 1984; Telles, 1992; entre outros).

Por outro lado, se é preferível que a mulher não trabalhe, por todas as razões expostas, aparece, no discurso feminino, outra dimensão:

Tem homem que num tá nem aí! Para ele tanto faz, eles não vão esquentar a cabeça se está faltando uma roupa para um filho, um sapato, uma comida. Agora a mulher, não. A mulher vê que está faltando isso, ela vai fazer qualquer coisa, ela aceita qualquer batente. O homem não, ele só quer trabalhar se ele estiver ganhando bem...; e a mulher aceita, por qualquer coisa.

Este depoimento, citado no capítulo anterior, mostra como, compartilhando com o homem a mesma moral do trabalho como honra, é outra a *disposição* da mulher para o trabalho, porque se vincula a seu papel familiar, a face feminina desta moral do trabalho.[9] O que faz a mulher *forte* para o trabalho é *saber o que está faltando dentro de casa*. Assim, se a mulher tem *disposição* para *aceitar qualquer batente*, sobretudo quando o homem *não tá nem aí*, não é porque ela agüenta *trabalho duro* ou *serviço pesado*, valores masculinos, mas porque o significado de seu trabalho remunerado é mediado pelo seu papel de mãe e dona-de-casa, para suprir o que ela *sabe* que está faltando, por coisas pelas quais o homem *não vai esquentar a cabeça*. Dentro de um mesmo código moral, complementar no que se refere aos sexos, as diferenças na concepção do que é trabalho de homem e de mulher respondem aos papéis que cada um tem na família, que os fazem, à sua maneira, igualmente *fortes* para o trabalho.

Da mesma forma, diante do significado distinto que tem o trabalho masculino e o feminino, o desemprego afeta diferentemente o homem e a mulher com relação à família. Para a mulher, quando tem *um homem dentro de casa*, deixar de trabalhar temporariamente, sobretudo quando outras pessoas da família podem fazê-lo em seu lugar, configurando a trajetória intermitente que caracteriza o trabalho feminino, pode significar uma forma de aliviá-la da sobrecarga de tarefas. Lembro-me de uma mulher que, ao ser despedida de seu trabalho, disse:

Agora, por uns tempos, posso cuidar melhor da casa e da família.

---

9. Estou tentando demonstrar neste trabalho que existe uma moral dos pobres, compartilhada por homens e mulheres. Isto significa argumentar que não existe uma moral feminina, uma particularidade na forma como a mulher constrói suas categorias morais e seu senso de justiça, como propõe Gilligan (1982), mas uma moral recortada pelas diferenças complementares de gênero.

A mulher tem uma identidade familiar que a sustenta moralmente quando ela está desempregada; o que a molesta são os transtornos que essa situação possa causar no desenrolar da vida cotidiana da família, podendo ser graves. Para o homem, a perda o atinge naquilo que faz do homem homem, privando-o das referências fundamentais de sua identidade social, a de trabalhador/provedor/pai-de-família. A ausência do provedor-masculino significa uma perda moral que atinge todo o grupo familiar, que fica sem sua base de sustentação, como argumentei no capítulo anterior.

No caso da mãe solteira, ou da mulher *abandonada* pelo marido, o sentido do desemprego aproxima-se daquele que tem para o homem. Para ela, o trabalho remunerado adquire um sentido particular de honra, portanto, de afirmação de si enquanto indivíduo, porque, através do trabalho, ela tem a oportunidade de reparar o ato condenado ou readquirir seu orgulho e amor próprio, ao *provar que pode criar o(s) filho(s)*:

> *Para você sustentar seu filho, não precisa se ter um homem a seu lado. É só você ter capacidade de trabalhar. [...] Eu acho que a pessoa que tem capacidade de trabalhar, tem capacidade de ter um filho.*

Sobretudo na ausência do homem/provedor, que faz o sentido do trabalho feminino assemelhar-se ao do masculino, o trabalho configura a potencialidade de realização e afirmação individual para a mulher tanto quanto para o homem. Mas, como foi argumentado no capítulo sobre a família, essa afirmação pode existir desde que subordinada ao universo familiar e relacional (das "pessoas") que referenda, sustenta e apóia as realizações individuais, para que se tornem moralmente legítimas e socialmente aceitáveis (Da Matta, 1979 e 1987). Mais uma vez, aparecem os limites da suposta matrifocalidade dos pobres, que não deixa de estar associada a uma estrutura patriarcal.

Trabalho dos filhos

A associação do trabalho com o mundo da ordem, tornando-o fonte de superioridade moral, leva também à valorização do trabalho dos filhos. Como o do homem e da mulher, o trabalho dos filhos faz parte do compromisso moral entre as pessoas na família. Dauster (1992) analisou esse compromisso como parte de um sistema relacional de ajuda e troca dentro da família: aos pais cabe o papel de dar casa e comida, o que implica retribuições por parte dos filhos. Seu trabalho ou sua *ajuda são*, assim, uma forma de retribuição.

Do ponto de vista dos pais, o trabalho dos filhos tem também o sentido de uma proteção contra os riscos e os descaminhos do mundo da rua, onde se sofre a *influência de gente ruim* e se anda em *má companhia*, suscitando os fantasmas da droga e da criminalidade (Dauster, 1992; Madeira, 1993; Telles, 1992).

Pela mesma lógica, quando as mães trabalham fora de casa, a creche é vista positivamente, mas como um mal menor, porque garante que as crianças pequenas não estejam *largadas na rua*, ainda que o cuidado profissional *nunca seja igual ao de mãe* e o ideal seja estar em casa. Quando, entretanto, a "rua" refere-se ao espaço "familiarizado" do bairro, muda sua conotação. Se, por oposição à casa, a rua é genericamente o espaço da desordem, ela se torna, quando circunscrita à localidade onde circula a vizinhança, um lugar de trabalho, principalmente para as crianças que aí vão aprendendo a trabalhar, pois é onde se sabe quem e onde se precisa dos serviços que elas fazem, como o carreto e, no caso das meninas, o cuidar de crianças menores e as ajudas domésticas.

É importante, neste sentido, a distinção entre o trabalho infantil (até 14 anos) e o trabalho do adolescente (15-17 anos), ambos agregados na categoria trabalho do "menor", como chama a atenção Madeira (1993), sobretudo diante do fato de que a grande maioria dos "menores trabalhadores" tem entre 15 e 17 anos de idade. Esse tipo de agregação tende a "superestimar o trabalho propriamente infantil" (Madeira, 1993:79).

O trabalho das crianças é, em geral, feito nas redondezas da casa, relacionado com as atividades familiares, sem horário fixo, não apresentando incompatibilidades com a freqüência à escola, porque é feito fora do horário escolar. Aliás, nesse bairro, onde existe uma instituição pública de ensino de 1° grau, a freqüência à escola é muito valorizada, antes de mais nada, pelo valor atribuído à educação como marca de distinção. Uma família cujos filhos não freqüentam a escola é vista como socialmente inferior. Por outro lado, ter os filhos na escola também pode ser uma forma de manter as crianças fora da rua, evitando as *más influências*, ainda que reconheçam que, na escola, embora exista um controle por parte dos professores e funcionários, há também o risco dessas influências negativas, sobretudo *na hora da saída*.

Se a "rua" se contrapõe à "casa", como a desordem contraposta à ordem, configura também um local de trabalho para as crianças. O ideal, para evitar os "descaminhos", é que as atividades infantis que rendem dinheiro para a família sejam feitas nas imediações do bairro, mas as crianças e os jovens também dele se afastam para trabalhar, incorporando-se à "situação de rua", analisada em relatório de pesquisa da Secretaria da Criança, Família e Bem-Estar Social (1994).[10]

O trabalho do jovem tem diferenciações em relação ao da criança. É mais formalizado (Madeira, 1993), já que entra num outro circuito das obrigações familiares, mais próximo ao dos adultos, correspondendo a um papel compartilhado pela mãe, no sentido de ser "secundário" em relação ao do provedor principal, e parte fundamental das obrigações familiares.

Do ponto de vista do jovem, muitas são as razões pelas quais a entrada no mercado de trabalho — que pode ou não ter como conseqüência o abandono dos estudos — pode ser formulada como uma escolha. Trabalhar, mesmo sendo parte de sua obrigação de filho/a, não deixa de significar a afirmação de sua individualidade, ao abrir a possibilidade de conquistar um espaço de liberdade (Madeira, 1993), na tentativa de ter acesso a bens de consumo e a padrões de comportamento que definem as marcas do jovem urbano: tênis, jeans, jaquetas, som etc.:

Eu vou andar feito maloqueiro? Eu não! Vou trabalhar também.

---

10. O referido relatório mostra o quanto essa situação é temporária, ou mesmo episódica, e não definitiva na vida das crianças e adolescentes, ressaltando o caráter mistificador, "alarmista" e "catastrofista" das estimativas sobre "meninos de rua" no Brasil (Rosemberg, 1993). Secundando esta idéia e contrariando a oposição entre casa e rua tão presente no imaginário social, analisei em outro artigo a continuidade entre esses âmbitos no mundo da criança pobre (Sarti, 1995b).

O trabalho infantil nas famílias pobres corresponde, então, a um padrão cultural no qual são socializadas as crianças, não se opondo necessariamente à escola, mas devendo complementá-la (Dauster, 1992).[11] Para o jovem, no que se refere à possibilidade de compatibilizar trabalho e escola, Madeira (1993) destaca a complexidade da questão, que deve ser considerada não pela perspectiva reducionista de "denúncia do trabalho infantil no contexto da exploração social do trabalho", mas pelas dificuldades inerentes ao próprio sistema escolar inadequado para sua clientela, que atende ao aluno "ideal" e não ao aluno "real".

Vê-se, assim, que fechando o círculo do valor do trabalho referido à família para os pobres, o trabalho dos filhos — crianças e jovens — faz parte do próprio processo de sua socialização como pobres urbanos, em famílias nas quais dar, receber e retribuir constituem as regras básicas de suas relações.

Trabalho como obrigação entre ricos e pobres

Até agora falamos do valor do trabalho para os pobres e de sua estreita relação com os valores familiares e com a noção de "honra", que lhe servem de parâmetro moral. Na maneira como os pobres concebem não apenas o valor do trabalho, mas seu lugar de *trabalhadores* no mundo social, podemos prosseguir analisando a articulação de elementos morais e religiosos aos econômicos, através da qual retraduzem em seus próprios termos as relações de trabalho sob o capital.

Segundo o relato dos moradores, sempre vão existir *ricos* e *pobres*, a pobreza *não pode acabar*:

> *Todo mundo rico, não dá, "eles" vão achar ruim, porque não tem pobre para cuidar "deles".*

E, como vimos, nas representações dos pobres, os ricos *não sabem* fazer o que o pobre faz, trabalhar, mas, sobretudo, *dispor-se* a

---

11. Assim, Dauster (1992) observou, em seu estudo feito no Rio de Janeiro, que a criança das camadas populares se autodefine como "pobre", "trabalhadora" e "estudante".

trabalhar, o que o coloca numa posição de vantagem relativa ante os *ricos*, a de ter recebido como dádiva a disposição para o trabalho. Aos ricos cabe *dar trabalho*, em troca de *ser cuidado* pelo trabalho dos outros, os pobres, fazendo do empregado alguém que "cuida" de seu patrão, nítida tradução do trabalho em termos da família.

Entre *ricos* e *pobres* existe, no entanto, uma igualdade mais fundamental, no *outro mundo*, no reino de Deus, já que somos todos *filhos de Deus*, fazendo com que a ordem sobrenatural seja, para os pobres, parte constituinte de sua ordenação do mundo. Assim, disse ter respondido uma mulher a uma afronta que lhe foi dirigida por uma *rica*:

> *Escuta aqui, só porque a senhora tem um sítio, tem uma casinha aí de campo, a senhora vai pisar nos pobres? A senhora não vai pisar não, porque a senhora, quando morrer, vai para o mesmo buraco que eu for. A senhora vai para debaixo dos sete palmos igualzinho que eu for.*

Não apenas a morte iguala os homens *no outro mundo*, pela mediação do sobrenatural. Mesmo *neste mundo* em que vivemos, irremediavelmente desigual, porque ancorado numa ordem "natural", a igualdade existe no plano moral, *dentro da gente*, como definiu uma mulher. Uma vez que as qualidades morais são o parâmetro a partir do qual se avaliam as pessoas, dentro de uma escala de valores que não tem relação com a posição que essas pessoas ocupam na sociedade, relativizam-se as desigualdades nessa concepção da ordem social. Como observou Montes (1983) em sua análise das representações sobre a sociedade e o poder entre as classes populares, vistas através das suas formas de lazer:

> "Do ponto de vista das qualidades morais dos indivíduos, nenhuma diferença existe com relação às posições de dominação ou subordinação, nenhuma distinção com relação ao gozo da riqueza, do prestígio e do poder. Mais vale um amigo pobre e leal que outro rico e desleal, mais vale a modéstia do pobre que a vaidade do rico, pois a "boa" riqueza é também modesta. Desse ponto de vista, **dissolvem-se** as diferenças sociais para que se afirme, em seu lugar, a igualdade moral de todos os indivíduos, divididos segundo o vício e a virtude, independentemente de sua posição social. A eqüidade e a equanimidade não conhecem tais distinções" (1983:333).

Se a sociedade é desigualmente recortada entre *pobres* e *ricos*, ainda que esta desigualdade seja dissolvida no plano moral, construindo uma igualdade que se completa pela promessa de redenção no *outro mundo*, a fronteira que ultrapassa os limites do tolerável é a *pobreza indigna* — a *miséria* —, sintetizada na fome:

> *Essa pobreza que eu estou dizendo é passar fome mesmo.*

A fome faz, diferentemente da pobreza, a *miséria*. Para evitar este mal maior, que está além do moralmente suportável, é necessária a obediência ao que concebem como um código de obrigações entre os desiguais, os *ricos* e *pobres*, que pode assim ser resumido: *eles* (os não-iguais, que detém riqueza, prestígio e/ou poder) têm de dar aos pobres a oportunidade de trabalho, e os pobres têm de trabalhar. O governo não deve **dar** nada, mas tem a obrigação de **retribuir** os impostos pagos, através dos serviços públicos. Os ricos — os que detém os meios de produção — devem prover o trabalho, para que os pobres atualizem sua *disposição* para trabalhar, inserindo o trabalho num universo de obrigações no qual o *esforço* legitima a *oportunidade* de trabalhar que é conferida ao pobre. Entre tantos exemplos, cito o relato de uma mulher, sobre os presentes de natal recebidos da patroa, quando trabalhou como empregada doméstica:

> *Eles vieram de carro aqui, despejaram aí que nem Papai Noel. Eu me sentia bem com aquilo, sabe? Porque eu sabia que ela estava dando, mas também era o esforço do meu trabalho, porque também, se eu não estivesse trabalhando lá e cumprindo com meus deveres, ela não ia fazer isso...*

Ou ainda, o depoimento de outra mulher,

> *Pobre não quer ganhar nada assim, eu pelo menos, eu não quero que ninguém chegue aqui e fale para mim: eu vou te dar cem milhões! Eu quero que me dê oportunidade, um emprego, um meio de estudar, um meio de eu trabalhar, de eu conseguir.*

Esses depoimentos falam do *esforço* do trabalho como um valor moral, que faz o trabalhador *merecer* o pagamento como recompensa, mas esse esforço não faz sentido em si, senão dentro de uma lógica que é mediada pela relação, através da qual se reafirmam as obrigações de dar e receber, fazendo do ato de receber a contrapartida do ato de dar e tornando o ato de receber sem dar moralmente inaceitável, humilhando e inferiorizando quem o pratica. É moralmente legítimo receber apenas quando se dá e — a contrapartida — quando se recebe, é necessário retribuir. Através de seu trabalho, o pobre dá o que tem: a *disposição* de trabalhar que traz consigo, como dádiva divina, e que, por isso, ninguém lhe tira.

Se o esforço no trabalho e a promessa de redenção que dele advém caracterizam a ética do trabalho entre os pobres, tal como na moral capitalista protestante descrita por Max Weber (1967), o que diferencia a moral dos pobres na periferia de São Paulo é que este *esforço* é re-significado a partir da ênfase na relação, que ultrapassa o indivíduo, e dentro da qual o trabalho faz sentido: a honra do trabalhador não está apenas no exercício da atividade em si, mas no fato de ele estar cumprindo o que para ele é uma obrigação dentro de uma relação. O trabalho é, então, re-significado em termos relacionais: o trabalhador dá, trabalhando (*eu dou serviço*), e recebe, ganhando seu salário. É esta moral, quando retraduzida em termos relacionais, que atribui sentido à atividade de trabalhar e submeter-se à disciplina do trabalho.

> P: *Você ia ajudar os pobres, se você pudesse mudar o Brasil?*
> R: *Eu ajudaria a trabalhar, ter um salário honesto, um bom salário. Dar eu não ia dar. Na minha opinião, eu ia procurar ajudar: tem que trabalhar, você vai trabalhar aqui, vai ter um cargo, e a pessoa merece. Se ela não merece, aí dou um cargo mais baixo. Aí vai trabalhar, ter um salário, ter uma vida melhor. Porque, através do trabalho vem o salário e através do salário melhores condições de vida.*

A ascensão através do trabalho tem sentido moral quando o indivíduo *merece*, pelo seu *esforço*, portanto, como recompensa. O mérito do indivíduo não se esgota, entretanto, em si mesmo, mas só existe enquanto tal na medida em que *ter uma vida melhor* é uma aspiração projetada para além de si, na família e na vida social, o que justifica, legitima e faz o sentido de todo seu *esforço*, através do qual reafirma sua honra.

Trabalho, desemprego e esmola

O valor atribuído ao trabalho, dentro da moral dos pobres, qualifica a esmola, num determinado plano, como um ato condenável, expondo quem o pratica a uma humilhação, não apenas porque quem *pede* não trabalhe, seja *vagabundo*, *maloqueiro*, designações que se contrapõem ao valor do trabalho. Há uma condenação da esmola por parte dos pobres, implícita na oposição entre o *mendigo* e o *trabalhador*, como categorias morais, cujo sentido remete à complexidade das referências que compõem sua ética. Cardoso (1978) atribui a condenação da esmola à negação do valor do trabalho, cujo fundamento não é problematizado em sua análise:

> *"Não sem razão, o único mendigo que vive nesta favela é muito mal visto pelos demais. Apesar de ser operário de construção civil, depois de suas horas de trabalho, sai com a família para pedir esmolas. Com este expediente consegue melhorar sensivelmente sua renda mas, como nega, na prática, o valor do trabalho, é desprezado por aqueles que não o reconhecem como um igual, isto é, como trabalhador" (1978:40).*

Retornamos ao fundamento da ética do trabalho para os pobres, a partir de obrigações morais que só fazem sentido como **relações**. O princípio de dar e receber, no qual se funda o trabalho, é negado pela esmola. Nesse prisma, pedir esmola humilha porque quem o faz recebe sem dar, sem o *esforço* valorizado, ao contrário da empregada doméstica que *merece* receber presentes em retribuição ao cumprimento do seu dever de trabalhar. A esmola humilha sobretudo quando se *pede* como expediente extra, para complementar os rendimentos, tirando proveito para si, enganando os outros; mas humilha também, por outro lado, porque *pedir* se coloca em oposição à honra que vem junto com a obrigação de dar, negando portanto o valor da generosidade. O *mendigo* que *pede* submete-se à humilhação de receber sem dar. O ato de pedir esmola priva o pobre da oportunidade de dar o que ele tem para dar, sua *disposição* de trabalhar, atributo que legitima receber em troca, honrando e não humilhando.

Essa *disposição* para o trabalho, sendo o fundamento do *direito* do pobre, faz com que, trabalhando, possa pleitear receber, em retribuição, o salário e o *respeito* que lhe são devidos. Daí a ilegitimidade do desemprego, que representa não apenas privação material, mas sobretudo moral. O desemprego tem o sentido de uma humilhação, ao privar o trabalhador de sua possibilidade de receber, mas dar também. Iniciando a cadeia de obrigações entre os desiguais, os pobres mencionam sistematicamente que a principal obrigação dos de cima, *eles*, é *dar trabalho* ao pobre, tornando as categorias *pobre* e *trabalhador* indissociáveis em sua auto-imagem. Mas quando não há trabalho, senão desemprego, rompe-se a cadeia de obrigações que o trabalho estabelece. É então que as obrigações que caracterizam o universo moral dos pobres atualizam-se, através da esmola, em outro plano, menos imediato, porque seu sentido passa pelo sobrenatural. Na cadeia das obrigações de dar, receber e retribuir, que não é imediata, se falta trabalho, *Deus, que é pai, provê*, através da esmola.

Na articulação do trabalho com o desemprego, que caracteriza estruturalmente a existência dos pobres, ocorre uma reelaboração do sentido da esmola, que complementa o valor do trabalho, sem negá-lo, mas coexistindo com ele. Na sucessão contínua de dar e receber, se o trabalho lhes é negado, de algum lado hão de vir os recursos para viverem e, assim, fazem valer a virtude católica e medieval da caridade. "Dando aos pobres, empresta-se a Deus", o que torna legítima a esmola, mesmo porque, quando não se tem trabalho para fazer, *pedir* é melhor que *roubar*.

A negação do princípio individualista próprio da lógica capitalista de mercado está em que, em qualquer esfera de sua atuação social, na casa e fora dela, o mundo é traduzido pelos pobres em termos de uma relação permanente, em que se dá, se recebe e se retribui, através de contínuas relações de obrigação moral.[12]

---

12. No que se refere aos problemas sociais, manifesta-se a mesma concepção moral. Por exemplo, quanto ao problema habitacional, os moradores afirmam que o governo, protetor e benfeitor, tem a **obrigação** de resolver a questão da moradia dos pobres, mas não deve **dar** casa aos pobres, e sim propiciar-lhes condições para que possam comprar o terreno e construir (através de diversos expedientes, como a utilização de terrenos da prefeitura, financiamento do seu pagamento etc.), fazendo com que eles também possam dar alguma coisa pelo que têm. Não é à-toa que, ao lado de garantir trabalho, as principais "obrigações" do governo em relação aos pobres referem-se à moradia e à saúde, em consonância com os valores da família e do trabalho aqui descritos.

Ao referir-se aos "trabalhadores pobres", as ciências sociais englobaram a categoria *pobre* na de *trabalhador*, desconsiderando que a auto-imagem de *pobres* **e** *trabalhadores* envolve um modo particular de se colocar no mundo social. Elidindo o conectivo, deixou-se de ver que o universo do trabalho para os pobres se constitui na articulação e no entrelaçamento dessas duas categorias, que mostram que a moral do trabalho se fundamenta em duas referências distintas, a da lógica do trabalho sob o capital, que os faz *trabalhadores*, e a de uma lógica não-capitalista, mas hierárquica e tradicional, que os faz *pobres*.

Ao contrário do que acentua a literatura sociológica, marcada pela "exploração" do trabalho como categoria de análise, que deixa escapar a reelaboração do seu sentido pelo próprio trabalhador, para os pobres, o universo do trabalho, como dimensão positiva, não pode ser entendido, em seu valor moral, sem a intermediação da ordem sobrenatural, sendo Deus o grande pai provedor. Isso significa levar às últimas conseqüências a moral do provedor que, tendo como modelo as relações de obrigações próprias do universo familiar, atribui significado próprio ao mundo do trabalho, nessa busca incessante, que é de todos os homens e mulheres, de pensar a realidade vivida a partir da exigência de que a vida faça sentido.

Capítulo 5
RELAÇÕES ENTRE IGUAIS

"O vizinho é o real imediato."

Luís da Câmara Cascudo

"Essas contradições são, talvez, necessárias para reconciliar o mundo em que vivemos com nossos sonhos, nosso ideal com as aspirações frustradas. É a 'função' do ambíguo."

Julian Pitt-Rivers

A importância do contraste para demarcar fronteiras sociais é uma questão central para os estudos sobre identidades sociais. Por definição, as fronteiras existem em relação a um "outro", implicando necessariamente uma relação. A divisão fundamental das classes sociais que marca a sociedade capitalista, envolvendo poder, prestígio e riqueza, é entrecortada por outras tantas fronteiras que relativizam essa divisão e pesam decisivamente na definição dos indivíduos como sujeitos sociais.

Essas fronteiras ficam particularmente claras quando nos referimos aos grupos étnicos. A noção de "identidade contrastiva" tornou-se básica para se pensar a identificação étnica, em contraposição à primazia que se dava aos traços culturais (e, antes, raciais) como marcas de identidade (cf. Oliveira, R. C., 1976; Cunha, 1986; Da Matta, 1993a). Ribeiro (1986) ressalta o caráter relacional das etnias, que possibilita a preservação das identidades étnicas, apesar das transformações de seu patrimônio cultural. Para ele, as etnias são "categorias relacionais entre agrupamentos humanos, compostas antes de representações recíprocas e de lealdades morais do que de especificidades culturais e raciais" (Ribeiro, 1986:446). Assim, segundo esse autor, o problema indígena no Brasil só existe quando os índios entram em contato com os não-índios, os brancos.

A analogia com os grupos étnicos faz sentido para ressaltar o caráter dinâmico das identidades sociais, definidas (e redefinidas) em função das relações a que os indivíduos estão expostos. Os estudos sobre identidades étnicas, para além de sua especificidade, demonstram como o caráter "contrastivo" e relacional na definição do "nós" — por oposição aos "outros" — está na base da própria construção (e preservação) de identidades sociais. Sobre essa base estrutural — que define pares de oposições — estabelece-se uma dinâmica que recria identidades sociais, sem necessariamente esfacelar o sentido do grupo, reelaborado por seus membros precisamente para responder às novas situações com que se defrontam.

Em poucas palavras, identidades sociais são, por definição, identidades em movimento, definidas e redefinidas por contrastes. Este capítulo trata da forma como opera essa lógica de contrastes na trama da sociabilidade local, para, neste contexto, recuperar uma outra dimensão da moral dos pobres. A partir da localização básica como *pobres* e *trabalhadores* no mundo social, categorias, elas mesmas, definidas por oposição aos *ricos* e *patrões*, pretendo discutir como os moradores da periferia constroem fronteiras simbólicas de diferenciação **entre si** e que sentido tem esta construção. Para isso, focalizo as relações de vizinhança, aquelas entre os que se consideram *iguais*, sob o prisma de sua localização estrutural na sociedade.

Enquanto os capítulos anteriores se referem ao processo de elaboração da identidade social dos pobres a partir de seus parâmetros morais positivos — a família e o trabalho —, neste capítulo, através da referência à sociabilidade local, procurarei completar a análise desse processo, visto pelo avesso, por seus parâmetros morais negativos, identificados através desses "outros" que se reproduzem dentro das fronteiras do próprio bairro e que permitem a afirmação por contraste do "nós".

O vizinho como espelho

Câmara Cascudo (1971) acentuou a importância do vizinho nas relações sociais em pequena escala no Brasil, o que o fez supor que em cidade grande não houvesse vizinho. Segundo seu estudo, na colonização brasileira, a pecuária e a cultura da cana-de-açúcar foram fontes de aproximação entre os trabalhadores: "o escravo negro possuía seu vizinho de senzala, como o trabalhador de jornal no seu casebre". A cidade — prossegue o autor — ataca de frente esses mecanismos de solidariedade rural, como a usina de açúcar os enfraquece e asfixia. Cascudo, evocando nostalgicamente as relações solidárias de vizinhança, supôs haver na cidade grande a substituição infalível do solidarismo rural, da casa, dos sentimentos, pelo solidarismo econômico de classes. O vizinho passou a ser o companheiro do sindicato, ou o correligionário de partido político, sócio do clube. Uma solidariedade de rua, *meeting*, disse ele (1971:26).

Ora, é precisamente a perspectiva da construção de identidades sociais que torna possível rever a posição de Câmara Cascudo. Nessa perspectiva, pode-se entender a preservação de valores "tradicionais" entre os migrantes pobres da cidade, que os conservaram na medida em que puderam reelaborá-los, pelo sentido que têm como suporte de relações sociais também no novo contexto urbano, como é o caso dos valores que articulam o sentido da família e do trabalho, como foi demonstrado nos capítulos anteriores.

Ao contrário da suposição de Cascudo, para o morador da periferia, dentro dessa continuidade histórica na qual o mundo urbano está impregnado de relações tradicionais não inteiramente rompidas, mas refeitas para se adequarem à nova ordem, o vizinho é muito mais do que alguém que mora ao lado, porque ele continua presente como "sucursal da casa".

Dentro da lógica de que parente é alguém em quem se *confia*, o *vizinho* é como um *parente*:

Nós temos nossos vizinhos aqui, tem essa turminha aqui. Eu acho que praticamente é uma família, porque quando a gente precisa, ele está ali; quando ele precisa da gente, nós estamos juntos, então eu acho que a família... é isso aí.

Dada a sociabilidade concentrada no local de moradia na cidade de São Paulo, há, entre os pobres da periferia, uma tendência a estreitar os laços com a rede de vizinhança, em detrimento dos parentes de *sangue*, exceto se esses também se concentrarem na localidade, compartilhando a vida cotidiana. O que define que um vizinho possa ser mais importante que um parente é a *confiança*.

Mais remotamente, pode-se também estender a *confiança* aos *colegas de trabalho*, para quem tem uma situação profissional mais estável. O compadrio tem o sentido de legitimar essa rede de relações, reforçando vínculos já existentes ou buscando ampliá-los através deste parentesco espiritual. Os *amigos* tornam-se *compadres* e é nessa tradução da relação de amizade em termos da família, através do compadrio, que os laços entre *amigos* se consolidam. Em qualquer caso, o que importa é que as relações são traduzidas em termos da família, ou seja, em termos de obrigações morais.

Ao responderem aos vínculos fundamentais de obrigações morais que caracterizam a sociabilidade dos pobres, na família e fora dela, os vizinhos tornam-se *amigos*. A amizade é então um vínculo moral do mesmo tipo que os da família, fazendo com que na cidade possa se tornar mais importante do que os elos de *sangue*.

Como seu igual, o vizinho torna-se seu espelho, o "real-imediato" que serve de parâmetro para a elaboração de sua identidade social. Nesse jogo de espelhos que caracteriza a elaboração de identidades sociais, há ambivalência dos moradores em relação a seus pares, permeando as relações de vizinhança. Num processo que não é unívoco, solidariedade e rivalidade caminham juntas.

A sociabilidade local

Dentro dos limites das suas possibilidades, os moradores gostam do bairro onde vivem. Se pudessem, evidentemente, gostariam de morar num bairro melhor, mais central. Mas lá pelo menos

A FAMÍLIA COMO ESPELHO

podem realizar o sonho que vem junto com o casamento e os filhos, ter sua própria casa. Como disseram dois homens, que moram com suas famílias no bairro desde que o lugar começou a se expandir, na década de 1970:

> [...] é da casa para o serviço, do serviço para casa... não posso dizer mal da Vila. A única coisa de bem que eu tenho a dizer é que aqui que eu consegui o meu pedacinho de chão. E estou muito satisfeito, muito feliz por isso.
>
> Eu gostei porque aqui que nós começamos tudo. Eu nunca tive casa. A primeira casa que eu tive foi essa aqui, então a gente tem muito amor aqui, que foi a primeira casa que nós conseguimos. Aí eu gosto muito da Vila.

Saem pouco de casa e do bairro. *Não gosto de aborrecer ninguém.* Visitam parentes no fim de semana, convivem com os vizinhos. Essa convivência é parte necessária da sociabilidade local. De resto, participam dos ritos religiosos e das redes de lazer locais (Montes, 1983; Magnani, 1998).

> Todo lugar que eu moro, eu gosto. [...] Eu não sei o que se passa na casa do vizinho. Não vou na casa de irmão, não vou na casa de ninguém. Tenho minha casa, não gosto de aborrecer ninguém e também não gosto de ser aborrecido... Não gosto que ninguém me perturbe.
>
> Eu sou um cara que, no sábado que eu tenho folga, eu não saio do portão para fora, eu não sou um homem de estar em boteco, ou de estar de porta de vizinho e tal... então eu sempre tenho alguma coisa para fazer dentro de casa... não saio para lugar nenhum. E quando do domingo, também, tirando a minha ida à Igreja, também não. Depois da Igreja, a gente ajuda a velha um pouco no almoço... Depois do almoço, tira aquela "pestana", vê um pouquinho de televisão e já prepara o material de briga para o outro dia...

Reclamar do vizinho é parte da lógica intrínseca ao discurso local. Como seu espelho, a identificação positiva ou negativa com o vizinho serve de constante parâmetro para sua identidade de *homem de bem*. Os homens delimitam a área de sua sociabilidade no bairro, enquanto as mulheres se relacionam com a vizinhança fundamentalmente em torno das atividades domésticas, seu descanso e do cuidado das crianças. Uma mulher na rua, sem motivo que justifique sua ausência de casa, não é vista com bons olhos. O espaço da rua é um espaço masculino, área de sociabilidade dos homens, cuja delimitação os faz reconhecidos e legitimados entre seus iguais. Essa delimitação implica hierarquias internas ao bairro, que refletem e reproduzem a hierarquização de seu universo simbólico, definindo os eixos de identificação e diferenciação dos moradores.

Proprietário x Favelado

Um dos eixos de distinção, o que se estabelece entre os *proprietários* e os *favelados*, responde à hierarquização social do espaço físico/geográfico do bairro. Há três áreas distintas. Na rua principal, a *avenida*, parte mais elevada do bairro — *lá em cima* como dizem, onde passam os ônibus, até há pouco tempo o único acesso ao bairro para quem vinha de fora —, estão as melhores casas, revelando um nível de renda mais alto que o resto dos moradores e, sobretudo, casas construídas em terrenos legalizados, com escritura de propriedade. Descendo as encostas, fica a área intermediária que corresponde à maioria das casas, construídas em lotes demarcados, legalmente adquiridos, mas cuja situação legal não está resolvida.[1] Terminado o declive, sobre o qual foi edificado o bairro, chega-se à favela que o circunda, onde os moradores invadiram os terrenos e construíram suas casas, sem propriedade legal do terreno. A favela fica, então, *lá embaixo*, sendo necessário *descer* para nela chegar, tornando a geografia local conforme com a hierarquia social.

Ainda que existam diferenças materiais entre as casas, o peso da distinção é simbólico; *ser favelado* corresponde a uma condição social inferior, da qual os que moram no bairro precisam reiteradamente se diferenciar. Justamente porque as distinções entre iguais são sutis, elas precisam estar nitidamente demarcadas através de categorias morais. A favela, que se expandiu nos últimos anos ao redor do bairro, corporifica todos os desvios temidos: a violência, a promiscuidade sexual e a droga, ainda que os moradores do bairro declarem repetidamente que

> [...] *não quer dizer que na favela não tem pessoas direitas.*

---

1. Essa área se caracteriza pela grilagem de terras. Ver o trabalho de Caldeira (1984) a este respeito, e especificamente para a questão das disputas legais dos terrenos nesta região, ver a análise de Holston (1991).

A região invadida, embora seja chamada de *favela* pelos habitantes da região original do bairro, é referida por seus habitantes por um nome próprio diferente da designação do bairro, o que revela a conotação pejorativa que o termo *favela* encerra, implicando lugar de *maloqueiro*. Sentindo o peso dessa diferenciação social, os moradores da favela internalizam os estigmas que lhes são atribuídos, como mostra o discurso de duas mulheres, a primeira casada e mãe de uma mãe solteira e a segunda, mãe solteira:

> *Os outros, ali de cima, são tudo indiferente com aqui embaixo... principalmente com as mocinhas que moram aqui; acham que não prestam para casar com rapaz...*
>
> *Meu pai foi e pediu para Nossa Senhora Aparecida que ajudasse ele, que arrumasse um lugar para ele. Nem que fosse uma favela; aí arrumou aqui na Vila; aí nós não queria ficar, porque nós já estava tudo moça e não queria ficar em favela.*

A insistência na diferenciação aparece no discurso dos que moram *lá em cima*:

> *Somos pobres, mas não somos favelados.*

Na favela, dentro da mesma lógica, ouve-se:

> *Sou favelado, mas pelo menos não moro debaixo da ponte.*

Não entrevistei alguém que morasse debaixo da ponte, mas seguramente encontraria algum referencial negativo, na medida em que essa é a lógica social de identificação e diferenciação, característica deste processo de construção de identidades sociais por contrastes e referências negativas.[2]

As casas na favela pouco se diferenciam das casas do resto do bairro, pelo menos em termos do que ali se almeja como moradia, na medida em que as casas — na favela mais ainda — estão constantemente inacabadas, fazendo a vida dos moradores ser perma-

---

2. Esse fenômeno tem características análogas ao que Freud (1945) chamou de "narcisismo das pequenas diferenças", referindo-se ao fenômeno de serem as comunidades vizinhas as que mais se combatem e se desdenham.

nentemente acompanhada do projeto de melhorar as condições de moradia. Quando a região foi invadida, a demarcação dos lotes foi controlada pelos primeiros invasores, sob as ordens inequívocas de quem viria a ser depois o presidente da Associação dos Moradores do local. Eleito pela população, ele tornou-se uma espécie de "dono" da favela, ou seja, o "protetor" da população local contra ameaças, sobretudo de despejos, proteção exercida com a ambivalência de quem exerce a autoridade, legitimada pela sua *coragem*, mas também pela força, garantida pelo uso de armas. Na obediência dos moradores da favela está implícito o medo, em face do desamparo em que vivem. Trata-se, portanto, de uma proteção de *bandido*, enquanto "defensor da inviolabilidade do território que ocupa" (Zaluar, 1985:138).

Quando a área começou a ser invadida, o "dono da favela" tentou garantir uma marca de distinção para aquela favela, "proibindo" a construção de barracos de madeira que, por oposição às construções de tijolos, são um sinal de inferioridade social. Ele conta:

> *Dei aquele grito: "Aquele que fizer um barraco de madeira, eu derrubo!". Eu falei por falar... e o grito soou forte na mente de cada um, que todo mundo se corrigiu sem eu fazer nada. [...] Mas foi uma coisa que eu acho que estava no instinto de cada um mesmo; e o único que tentou fazer barraco de madeira apanhou aqui, não de mim, mas da turma ali... e foi embora.*

O grito soou forte porque, de fato, a população da favela quer dar ao local um marca de distinção, mas sabe também que, se não *se corrigir*, a correção será imposta pelo "dono da favela", cujo domínio soa tanto mais forte quanto mais se sabe que a questão, no limite, pode ser resolvida pelo uso de armas, ameaça que paira sempre no ar.

Na favela, há um arruamento distinto, precariamente demarcado e as condições de infra-estrutura urbana não são as mesmas, embora haja água encanada, esgoto e luz elétrica. A favela, entretanto, não corresponde necessariamente a uma moradia considerada provisória. Ao invadir um terreno, o projeto é legalizá-lo, através da compra daquele terreno.[3] Diante da região desocupada, as

---

3. É em torno da compra legítima dos terrenos invadidos que muitos dos habitantes locais estavam articulados aos movimentos sociais dos favelados que, por sua vez, se

famílias invadiram a área e imediatamente construíram um cômodo para se apossarem do terreno invadido — antes que alguém lançasse mão dele —, cercando-o, dentro de uma prévia combinação, com as famílias invasoras, do que seria a delimitação da área. A situação é de competição; quem chegar primeiro, leva.

Invadido o terreno e levantado o cômodo, o próximo passo é, na medida do possível, tornar a casa o mais *arrumada* possível. Cuidam da casa para legitimar a ocupação do solo e justificar a meta de transformá-lo em sua propriedade, tendo como modelo de organização interna e de construção as casas do resto do bairro, com as quais procuram se identificar. Como definiu uma moradora, criticando os que venderam os terrenos invadidos: *a pessoa tem que ser como um proprietário*. Isso significa construir e *arrumar* a casa, como estratégia para aquisição definitiva da propriedade. Invadir o terreno não é, então, necessariamente pensado como uma solução provisória, mas como uma estratégia ao alcance desses moradores da periferia para aquisição do terreno e realização do eterno projeto da casa própria.[4] Por isso, os moradores da favela têm em relação à sua casa o mesmo cuidado que teriam se fossem proprietários de fato. O cuidado é pensado como um argumento em favor do "direito" sobre aquele terreno, além evidentemente da imagem de *gente de respeito*.

Essa demarcação da casa, na busca de uma legitimidade para a condição de favelado, aparece nitidamente em uma das casas, que segue tipicamente esse padrão. Construída num terreno invadido e cercado por arame farpado até cerca de um metro de altura, a casa tem um portão de madeira com esta mesma altura, enfim, baixo e fácil de pular. Esse portão, no entanto, fica constantemente trancado por um cadeado, expediente inútil do ponto de vista da segurança, mas simbolicamente eficaz, ao delimitar o espaço, legitimando o direito do morador sobre ele, reafirmado pelo esmero com que se

---

caracterizam por diferentes estratégias. Por essa razão, declararam ser preferível invadir terrenos da prefeitura, onde há maiores chances de resolução do problema da compra do terreno.

4. O que não exclui outras estratégias, como a de "vender" a área invadida, que se opõe ao projeto familiar de se estabelecer como *gente de respeito*.

organiza a casa e se escolhe, dentro do padrão das moradias populares, o material de construção e os móveis.

Trabalhador x Bandido

O peso negativo atribuído ao *favelado* aproxima essa categoria da de *bandido*, como integrantes do mundo da desordem. Através da descrição dos *bares* locais, fica claro como opera a distinção entre *trabalhadores* (= *pais de família*) e *bandidos*, porque é nesses espaços do bairro que está materializada esta distinção, que se entrecruza com a distinção entre *proprietário* e *favelado*.[5]

Há dois tipos de *bares* no bairro: as *vendas*, onde se encontra de tudo para comprar — alimentos, material de limpeza, material escolar etc. (no fim de semana, alguns vendem bebida alcoólica) — e que são freqüentadas por homens, mulheres e crianças; e os *bares* propriamente ditos, em que se vende estritamente bebida alcoólica e tira-gostos, e onde geralmente estão espalhadas mesas para jogo de baralho ou para sinuca. São fundamentalmente um espaço masculino. Esses últimos estão hierarquizados em duas categorias, baseadas numa divisão moral, que mostra mais uma vez o forte entrelaçamento da família e do trabalho como referências do mundo da ordem. Uma é a dos bares freqüentados pelos *pais de família*, *trabalhadores*, na chegada do trabalho, nos fins de semana, dias de folga, onde *o clima é mais social*, localizados *lá em cima*, na área do bairro que, como já foi descrito, corresponde às melhores moradias. O outro tipo de bar masculino é aquele onde se reúnem os *bandidos* ou *maloqueiros*, situados *lá embaixo*, isto é, na favela.[6] Nestes, passa-se droga. É preciso garantir que não haja dedo-duro. Isso delimita a clientela, que deve estar sob controle de quem comanda a atividade ilegal. Dado o negócio, é preciso garantir, se não a aceitação, pelo menos a cumplicidade dos presentes. São, por isso, bares *fechados*.

---

5. Particularmente nesta parte da pesquisa, foi fundamental a colaboração de Roberto Catelli Jr., que freqüentou os espaços masculinos do bairro.

6. Os bares como espaço social assemelham-se às *streetcorners*, analisadas por Liebow (s/d), como o mundo da rua/desordem, contraposto ao mundo da casa/trabalho/ordem.

Como sintetizou um homem de 24 anos, nascido e criado em São Paulo, freqüentador das duas categorias de bar:

As pessoas que freqüentam o bar aqui de cima são pessoas mais de família, são pessoas mais responsáveis, trabalhadores... E o bar lá de baixo não, são mais bandidos, jogadores, traficantes... essas coisas todas... então tem bastante diferença. É diferente o clima... pelas pessoas e outra, pelas conversas e pelas transações que você vê. No bar lá de baixo, às vezes, você está no bar e você vê o cara passando, vendendo, de tudo... transações assim. É tudo mais livre, entendeu? Mais livre... Lá, vamos dizer assim, são mais eles que mandam...

A distinção entre a imagem do *trabalhador* e do *bandido* constitui uma referência moral básica e é como construção negativa da identidade do *trabalhador* que interessa aqui analisar a identidade de *bandido*. A importante dimensão simbólica dessa oposição foi acentuada por Zaluar (1985).[7] Esta autora ressalta a importância das relações entre *trabalhadores* e *bandidos*, não só para a construção da identidade do trabalhador. Sua análise focaliza também o que essas relações dizem a respeito das representações dos pobres sobre o crime, a justiça, o poder e a desigualdade social, mostrando a relatividade da noção de "crime", pela ausência de critérios universalistas na definição de "justiça", o que impõe conseqüentemente uma complexidade e uma ambigüidade na própria definição de *bandido*.

Nem todos os que transgridem as regras do trabalho e da família são considerados *bandidos*. Há nuances. Roubos e furtos eventuais não são suficientes para delimitar uma ruptura das fronteiras com o mundo da ordem. Esses expedientes, assim como o mundo dos *bares*, fazem o *bêbado*, o *malandro*, o *vagabundo*, enfim, os que não querem saber de *responsabilidade* e negam, assim, o valor do trabalho, considerado *coisa de otário*. O problema está não somente em conseguir dinheiro sem se submeter à disciplina do trabalho, mas também em não se importar com o destino do dinheiro, o que

---

7. A construção da identidade de "trabalhador" e/ou "homem de bem" com base em referências negativas, aparece ainda nos trabalhos de Cardoso (1978) e de Caldeira (1984), sendo reafirmada por Telles (1992).

significa não levá-lo para casa como "bom provedor", desconsiderar o projeto familiar, pensar apenas *no momento*, como mostra o comentário de um morador:

> *Quando o cara está com dinheiro mesmo... o negócio deles é gastar, o negócio deles é o momento, só tem momento. Pegou um dinheiro e é gastar e pronto. Quanto acabou, aí eles procuram mais...*

Dentro dessa perspectiva, um homem que consegue dinheiro por meios suspeitos, mas usa este dinheiro para sustentar a casa e a família, é visto com alguma tolerância, considerado *mal encaminhado*, mas não alguém que tenha uma *natureza ruim*. Esse homem é reprovado em seu comportamento avesso ao trabalho na mesma medida em que se reprova o *trabalhador* que *não traz seu salário para dentro de casa*, avesso, portanto, à família.

A ruptura com o mundo do trabalho e da família, significando a passagem para o "outro lado", vincula-se ao crime organizado e ao tráfico de drogas, implicando o uso de armas de fogo (Zaluar, 1985). É esta passagem que define o *bandido*, também chamado de *marginal*, e que faz os *bares lá embaixo* serem locais *fechados*. Seguindo a definição captada pela autora,

> "[...] a imagem do bandido constrói-se com a posse da arma e a opção pelo tráfico, ou pelo assalto como meio de vida" (Zaluar, 1985:149).

Essa delimitação da fronteira do mundo da ordem e da transgressão, embora tenha contornos nítidos, é também matizada no dia-a-dia, não obstante a necessidade de enfatizar as diferenças para construir a imagem do homem de bem:

> *As pessoas daqui de cima têm um olhar diferente. Se chegar um deles, eles saem, vão embora, vão para outro lugar... falam que é marginal, saem, não querem se misturar.*

O fato é que os *trabalhadores* e os *bandidos* são parte integrante da sociabilidade local. Criam-se necessariamente regras de convivência entre os moradores do bairro e os bandidos, envolvendo sempre relações tensas, com base no medo de quem se sabe ameaçado,

A FAMÍLIA COMO ESPELHO

no limite, por armas de fogo. Porque, se os *bandidos* podem ser os filhos *mal encaminhados* de alguma vizinha que a redondeza viu crescer, o que envolve algum respeito pelas obrigações que norteiam as relações locais, *bandido* é também *gente ruim*, atributo que pode ser visto como conseqüência de uma *revolta* contra suas condições de vida, mas também pode também ser considerado uma qualidade inata, posto que julgam que a percepção da injustiça e da desigualdade social não implica necessariamente escolher o caminho do crime como meio de vida, uma vez que nem todos o fazem.

Quando se atravessa a fronteira para o crime organizado, a norma em situações-limite deixa de ser o respeito às obrigações que ordenam o convívio entre os moradores locais. Assim, se *bandido* respeita *trabalhador*, como mostra Zaluar (1985), e se "matar quem não está na guerra é considerado perversidade" (p. 143), os limites até onde impera esse tão comentado código de honra dos fora-da-lei são frágeis e a população local vive sob o signo do *medo de bandido*, ainda que saiba que pode ser por ele protegida, diante da desproteção que caracteriza sua existência social.

Em relação às ameaças de fora, sobretudo a violência policial, os *bandidos* locais protegem a localidade, como é o caso do "dono da favela", que protege os moradores contra eventuais ameaças de despejo ou novas invasões. Entretanto, a ambivalência da relação dos moradores com os *bandidos* locais está em que, ultrapassando a fronteira do mundo do trabalho, que o situa no mundo do tráfico, do assalto organizado como meio de vida e do uso de armas de fogo, o *bandido* rompe, no limite, com o código moral que delimita as obrigações com a população local.

Bandido respeita trabalhador sim, mas em circunstâncias que não ameacem seu *negócio*, o que significa "sua vida e liberdade", como diz um documento do Comando Vermelho.[8] Se essa ameaça

---

8. Entre "As 12 regras do bom bandido", documento encontrado em poder de um preso foragido do Instituto Penal Milton Dias Moreira, no Rio de Janeiro, e publicado pelo jornalista Carlos Amorin em seu livro sobre o Comando Vermelho, está uma regra que ilustra meu argumento sobre a ambivalência da "proteção" dos bandidos: "Respeitar mulher, crianças e indefesos, mas abrir mão deste respeito quando sua vida ou liberdade estiverem em jogo" (Amorin, 1993).

existir, o *bandido* atua dentro de uma lógica de poder, de quem detém, no limite, o controle da situação pela posse de armas, podendo romper com qualquer critério de obrigação moral. Ambas as partes sabem que as armas de fogo (que uma das partes detém) podem ser postas em ação, se alguma desavença eclodir. Daí que a regra básica para os moradores locais é não se meter com os *negócios dos bandidos*, fazer vista grossa, não *dedodurar*. Outra regra é precisamente não acentuar a distinção:

> *Você não pode chamar um bandido de bandido. Claro, ele não vai gostar. Tem que tratar assim, encarar de pessoa para pessoa.*

A "proteção" dos bandidos, que é real diante da desproteção dos moradores da periferia, sobretudo das favelas (uma vez que *a lei protege os ricos e discrimina os pobres*), inscreve-se ainda dentro da lógica da disputa entre gangues ou disputa em face de alguma ameaça externa, ou seja, a polícia, ainda que possam efetivamente trazer benefícios a seus protegidos, não só no que se refere à sua segurança, mas também às suas condições de vida. Nessa lógica, a *honra* do *bandido* fica comprovada pela sua capacidade de defender a área onde atua, incluindo seus moradores, por ser corajoso e destemido a ponto de enfrentar as ameaças externas. Por essas qualidades, ele é admirado e reconhecido como uma autoridade legítima dentro da localidade; mas a ambigüidade permanece, em face de uma admiração que se mistura com o medo, porque, nessa afirmação da *honra* do *bandido*, pode não prevalecer o respeito à vida do morador local, mas a demonstração de sua força a qualquer preço, o que faz o *bandido perverso*.

A relação do bandido com os moradores locais é marcada, assim, pela ambivalência: se, no limite da afirmação de seu poder, ele mata quem ameace sua vida e sua liberdade, ele também protege os moradores, salvaguardando os valores de seu grupo, como a honra feminina, a proteção das crianças e o respeito pelos *indefesos*, mostrando uma generosidade e um desprendimento em relação ao dinheiro que justificam moralmente seu poder e a posse do dinheiro.

Quando prevalece o interesse individual em detrimento dos deveres da "boa autoridade", rompe-se drasticamente com as obrigações morais em relação a seu grupo e o que conta é "levar vantagem". É nessa lógica que se inscreve o comportamento do presidente da associação dos moradores da favela que cobrava uma taxa para redistribuir os *tickets* de leite distribuídos gratuitamente à população pelo governo. Foi denunciado por um dos moradores da favela e preso.

Um morador, sintetizando a hierarquização moral do bairro expressa nos *bares* locais, resume como se dá no cotidiano a convivência entre os *trabalhadores* e os *marginais*, revelando a tensão permanente que permeia essa relação que não podem evitar, mesmo para quem dribla essa convivência, pela sua própria localização na fronteira desses dois mundos. Essa é uma habilidade que não se encontra nos *trabalhadores, pais de família*, estes que não querem *se misturar* e não sabem *encarar de pessoa para pessoa:*

> *Eu acho que, do jeito que você trata uma pessoa, você não pode tratar todas. Suponhamos... dentro da sociedade existem vários tipos de pessoas. Você chega num bar, você encontra um trabalhador, um pai de família, está lá simplesmente. Chegou do serviço, está lá tomando uma pinguinha, vai para casa tomar um banho, jantar e cama... no outro dia tem mais serviço. Então, você: "Como é que está, o serviço, a família...".*
>
> *Você encontra um colega jovem também: "Sábado eu sai, curti para caramba". E às vezes você chega lá e encontra um malandro, que aqui tem muito também... Aí o papo já é diferente... então... eu, pelo menos, me sinto na necessidade de ter assunto para conversar com todo tipo de pessoas, seja malandro, seja bom, seja ruim, sabe... para que todo mundo também te aceite, do mesmo jeito que você aceita todo mundo. Então, às vezes, eu chego num bar e tem um malandro, tem uns batuques, tudo bem, a gente vai lá, fica ali de lado e tal. O cara vem trocar umas idéias diferentes, vamos ver o que é... Ou, de repente: Não, não dá para mim, estou fora...*
>
> *Agora, também você não vai chegar numa favela e já: "Oi! Como é que é?". Aí o cara pensa que ou é louco ou então... tem alguma coisa a ver! Mas se você ficar na sua, não prestar muita atenção neles... Porque o olhar... o olhar fala muito, sabe? Então, se você não prestar muita atenção, ficar esperto para qualquer outro tipo de pessoa que se aproximar de você, mas manter sempre o olhar mais baixo, mais calmo, ficar sossegado... você pode entrar, você pode sair, em qualquer tipo de favela.*

Ao se entrar no mundo do crime, rompendo com o valor positivo do trabalho e da família — *um caminho sem volta* —, ainda que se mantenham as obrigações morais que unem os *bandidos* a seu grupo de origem e, acima de tudo, definem o universo de referências culturais do qual é originário, a realidade é que a fronteira foi atravessada, e os resultados se tornam imprevisíveis.

A moral da reciprocidade, como um sistema constituído por três obrigações fundamentais — dar, receber e retribuir —, opera num duplo sentido. Navegando num mesmo barco, de um lado estão os que, buscando atribuir significado às suas vidas, pautam sua conduta pelo valor positivo da *família honesta* e do *trabalho honrado*, numa sociedade que acreditam injusta e irremediavelmente desigual; do outro lado estão os que romperam essas fronteiras, descrentes de qualquer sentido neste mundo onde se sentem lesados e do qual buscam tirar o máximo proveito. Julgam-se no direito de privar os outros na mesma medida em que se sentem privados, negando a possibilidade do arbítrio da lei. A lógica da reciprocidade, que fundamenta seu universo moral, transfigura-se simétrica e inversamente numa lógica do ressentimento, dificultando a construção de qualquer critério universal de justiça.

Pobre x Mendigo etc.

O mendigo, tão próximo ao trabalhador, é outra das categorias que diferenciam os moradores e os contrastam entre si, das quais os pobres lançam mão constantemente para se afirmarem como *trabalhadores*, portanto, *homens de bem*. A distinção entre *trabalhadores* e *mendigos* já foi analisada no capítulo anterior, na discussão sobre o valor do trabalho. Há, contudo, outros eixos de distinção, como aquele entre o *pobre* e o *mendigo*, que se dá sobretudo em torno da casa.

Nos estudos sobre os pobres urbanos, já foi amplamente comentada a importância da casa como referência básica de sua identidade social (Durham, 1978; Woortmann, 1982 e 1986; Sarti, 1985a) e, associada a este valor, a importância da limpeza da casa (Macedo, 1979; Caldeira, 1984; Da Matta, 1993b). Daí o valor atribuído também ao trabalho doméstico e à mulher em seu papel de dona-de-casa, que faz a casa estar *limpa* e *arrumada*. Este é um dos valores manipulados para definir o *mendigo*, aquele que é *relaxado*, *porco*, *desleixado, os que anda de qualquer jeito, deixa a casa de qualquer jeito.* A importância da ordem e da limpeza diz respeito não apenas à casa, mas também ao corpo.

Assim, na (des)ordem da casa ou do corpo está uma das marcas dos *mendigos*, definidos como aqueles que *só vivem se queixando da vida*, aludindo à moral segundo a qual o esforço e o empenho justificam o que se tem. *Mendigos* são também, como já foi visto, os que pedem esmola. Recebem de graça sem a dignidade de dar algo em troca, colocando-se, assim, no lugar de *pobres mesmo*. Ao contrário dos que legitimamente recebem: no trabalho, onde *dou serviço*, nos serviços de saúde, *porque pago INPS...*

Os moradores locais utilizam-se dos sinais diacríticos, próprios do mundo social do qual fazem parte, para diferenciarem-se entre si, através de distinções que podem se reproduzir em qualquer instância na vida local.

Embora na vida cotidiana os costumes prevaleçam sobre regras formalizadas e haja uma grande flexibilidade nas normas de convivência — fazendo, por exemplo, com que as crianças circulem entre unidades familiares distintas ou as uniões consensuais sejam aceitas sem problemas —, nos momentos de conflito ou em situações-limite opera um mecanismo que se reproduz tanto no nível privado quanto no público, graças ao qual se recorre às regras morais socialmente dominantes para formular acusações, fazendo pesar a preeminência do vínculo de *sangue* e a maior respeitabilidade do casamento legal, em face das uniões consensuais. Como disse um homem sobre os conflitos de sua irmã, mãe solteira, com o atual parceiro:

Arruma uma briguinha assim e ele já fica jogando na cara...

Na vida do dia-a-dia, o que comporta tolerância envolve manipulação, em situações de conflito, para afirmar quem é *gente de respeito*, tornando "menos" quem não segue essas regras morais. Assim é que a categoria *amigado*, em oposição à de *casado*, demarca uma fronteira, apesar de sua aceitação na prática, porque o casamento legal torna as pessoas mais respeitáveis, como foi comentado no capítulo 3. Por esses mecanismos simbólicos, o sujeito reafirma-se moralmente como *homem de bem*, diante de si mesmo, perante seus iguais e aqueles que lhe são superiores na hierarquia social. Nessa lógica, a manipulação das distinções raciais pode igualmente ser utilizada, reiterando o preconceito e os estereótipos socialmente existentes.

Demarcação das fronteiras

O espaço físico da cidade materializa as hierarquias do mundo social e a sua utilização responde à condição social dos seus habitantes: na "periferia" estão não apenas os bairros pobres, mas os bairros dos pobres. Os moradores da periferia criam uma identidade que só faz sentido por contraste, compartilhando esse espaço geográfico e social como seu local de moradia, em oposição ao *centro*. Morar num bairro da periferia cria um recorte que delimita uma identidade social, revelando uma lógica de segmentação que ultrapassa os limites da localidade e desenha os contornos do espaço físico da cidade de acordo com a localização social de seus habitantes. Dessa maneira, mesmo que os pobres estejam em toda parte nas cidades, é na periferia que se observa e se identifica mais claramente sua maneira de viver. Aí é que se define seu *pedaço*, como percebeu Magnani (1998). É esse o seu lugar na cidade de São Paulo. Compartilhar esse espaço na cidade, entretanto, não é o que os faz pobres, mas é por serem pobres que o compartilham. O que faz, então, de quem se diz *pobre*, pobre? Onde se encontra o fundamento de sua identidade de *pobres*?

Segundo a concepção de quem assim se designa e assim é designado, ser *pobre*, para além da evidência de ser destituído de riqueza, poder e prestígio, é uma condição social que se define pela adesão a um código moral distinto daquele que norteia a lógica do mercado, dominante na sociedade capitalista, criando outras referências positivas para quem é visto como destituído, pelo prisma da sociedade mais ampla. Através dos valores positivos do trabalho e da família, criam, como fronteira do mundo dos *pobres* e *trabalhadores*, a adesão a um código de obrigações morais que delimita seu grupo de referência, *como uma família*. A percepção dos obstáculos por eles enfrentados na sociedade capitalista reforça a retradução da ordem social por valores não-capitalistas, na busca de afirmação de uma outra ordem moral na qual sua existência faça sentido.

Como a família se delimita por obrigações morais que unem seus membros, como uma forma de solidariedade orgânica no sentido durkheimiano, a identidade dos pobres se estabelece também por um referencial moral. A questão de ser ou não ser pobre inscreve-se num código de reciprocidade permeado por obrigações morais. Quebrá-lo significa romper com o grupo de origem, deixando de "ser pobre", o que não resulta necessariamente do fato de adquirir recursos materiais ou superar os limites das "linhas de pobreza" definidas nos gráficos dos indicadores sociais. Um indivíduo ou uma família podem elevar seus rendimentos e se manter *pobres*, o que significa manter seus laços de obrigações recíprocas com seus iguais.

Através de sua moralidade, os pobres atualizam os critérios relativos que definem a pobreza na sociedade medieval, comentados por Da Matta (1993b), que implicam conotações positivas e negativas. A pobreza sempre foi signo de carências de várias ordens, mas era também signo de virtude, como no caso do renunciante que se priva das coisas deste mundo em nome de algum valor moral. É este valor que está na base da exigência da generosidade como qualidade moral que legitima a posse da riqueza material, da modéstia para quem tem prestígio e da bondade para quem tem poder (Montes, 1983).

Como a pobreza no mundo moderno é definida essencialmente por um critério político e econômico — os pobres são os carentes de riqueza material e de poder —, é no plano moral que se estabelece a igualdade e onde os pobres podem mesmo ser "superiores". Através de suas virtudes morais, tornam-se *ricos*, e os ricos — pelo critério econômico e político — podem ser privados de riqueza moral, portanto, de virtude, concepção que se relaciona com a profunda religiosidade popular.

Assim, os projetos de *melhorar de vida* que motivam sua existência são formulados dentro dos limites do código de obrigações recíprocas entre iguais, que os mantém "iguais" em relação a seu grupo de referência. Ascender socialmente significa uma forma de ruptura com a reciprocidade entre iguais. Assim, vêem-se diante do conflito entre "ascender", que implica se retirar de seu meio social, e as obrigações recíprocas dentro das quais formulam seus projetos de vida. Zaluar (1985) comenta, neste mesmo sentido, que são muito mal vistos os que se colocam como "superiores", que falam num tom que implica alguma desigualdade entre os interlocutores. Ser "igual" refere-se ao tratamento dado "aos outros, sem procurar mandar, dominar ou afirmar a sua superioridade" (Zaluar, 1985:124).

A solidariedade, construída num contexto de carência ou, num outro referencial, de desigualdade, leva Zaluar (1985) a mencionar a importância da inveja como um dispositivo da sociabilidade local do conjunto habitacional que estudou:

> *"Se todos criticam publicamente a inveja, muitos parecem participar de seus dispositivos psicológicos, tornando-a eficaz e criando a necessidade de proteger-se contra ela. Surgida da hierarquia social que cria a desigualdade entre as classes, a homogeneidade dentro da classe é também uma experiência de controle rígido e conflitos intensos" (1985:125-6).*

O projeto de *melhorar de vida*, implícito na estratégia do casamento, representa precisamente uma aliança, no sentido antropológico clássico, para obter recursos de complementaridade que permitam realizá-lo; mas esse projeto se distingue do projeto de *subir na vida*, que representa a ruptura com seu grupo de origem. O projeto de *melhorar de vida* e o projeto de *subir na vida* distinguem-se como um divisor de águas, em que está em questão a adesão a novos valores que rompem o princípio da reciprocidade, fundamento de sua pertinência ao grupo social de origem.

O projeto de *melhorar de vida* é formulado pelos pobres dentro da perspectiva relacional de suas ações e escolhas. Duarte (1986) destacou o mesmo recorte, ao diferenciar o projeto de melhorar de vida — constituindo, em sua definição, um projeto de "estabilização"—, que os mantém nos limites de seu grupo de referência, e o projeto de ascensão social, que significa uma ruptura com esse grupo. Neste sentido, Kottak (1967), em seu estudo sobre uma comunidade pesqueira no nordeste do Brasil, refere-se à ambivalência com que os pobres encaram as relações de parentesco, que fazem parte de suas vidas e das quais necessitam, mas que constituem uma ameaça e um freio aos empreendedores mais ambiciosos, precisa-

A FAMÍLIA COMO ESPELHO

mente porque a perspectiva de "ascender" configura uma ruptura com os valores familiares.

A força simbólica da delimitação dos "iguais" entre os pobres transparece nos episódios que se sucederam à publicação e ao sucesso do livro de Carolina Maria de Jesus, *Quarto de despejo*. Trata-se de um livro de alguém que já não é mais um "igual". Vogt (1983), em sua análise deste livro, ressalta essa questão, ao comentar que a possibilidade de ter sua experiência traduzida num livro — portanto escrita — retira Carolina do universo de referências culturais dos seus iguais e a coloca noutro lugar. Com essa experiência, ela deixa de fazer parte de seu grupo de origem e torna-se uma outra coisa, "artista". O livro constitui, então, "o ponto de estranhamento entre Carolina e os favelados", porque

> "[...] de um lado, a autora pertence ao mundo que narra e cujo conteúdo de fome e privação compartilha com o meio social em que vive" (1983:210).

Mas, de outro lado,

> "[...] ao transformar a experiência real da miséria na experiência lingüística do diário, acaba por se distinguir de si mesma e por apresentar a escritura como uma forma de experimentação social nova [...]" (1983:210).

E o autor conclui, assim, que

> "[...] o diário de Carolina, ao mesmo tempo em que se cola à realidade que mimetiza, constitui uma vingança em relação a ela" (1983:210).

O episódio, relatado por Vogt, de que os vizinhos de Carolina Maria de Jesus lhe atiraram pedras quando ela deixou a favela, depois que *enricou* com o sucesso de venda de seu livro, pode ser explicado por esse afastamento que o livro significou em relação a seu grupo de referência. Isso foi interpretado por seus iguais não só como uma ruptura, mas como uma traição, por ela ter-se utilizado de uma forma de expressão, a escrita, que não lhes é própria; em contrapartida, negaram-lhe a pertinência a esse grupo.

Romper com as regras de reciprocidade significa, portanto, excluir-se do mundo dos pobres. É quando se *enrica*, ainda que isso possa acontecer num terreno ambíguo, diante das antigas lealdades. A fronteira rompe-se quando se *enrica sem ajudar os outros*, seja por meios lícitos ou ilícitos, uma vez que a riqueza sem generosidade não é moralmente legítima, envolvendo a perda da *confiança*, pressuposto básico das regras de reciprocidade. Rompe-se com esse mundo pela quebra das obrigações morais, tornando ambivalente a relação com quem *enricou* negando as virtudes morais de seu grupo de origem, sendo a inveja parte dessa ambivalência, porque, na perspectiva do valor do dinheiro, que não é negado, quem saiu do "mundo dos pobres" foi bem-sucedido.

Função ideológica da ambivalência entre os iguais

Os moradores da periferia, na hibridez de sua identidade social, vivem muito próximos aos benefícios do mundo urbano/capitalista, aos quais, entretanto, não têm acesso. Pela sua própria presença neste espaço, entretanto, estão expostos às aspirações e aos anseios que o meio urbano cria, ainda que sejam insatisfeitos e frustrados. Têm o *querer* e a *ambição* descritos por uma mulher, ao falar de sua chegada a São Paulo, vinda da *roça*:

> *A gente chegou aqui e era tudo diferente. Televisão é uma coisa que aqui todo mundo quer ter; você vai na casa de um, ele vê que o outro tem... e ele também quer ter. Lá o pessoal é acomodado naquilo... de viver sempre naquilo... nunca faz força de ir mais para lá. As pessoas são simples, simples de tudo. Não tem esse querer... essa ambição...*

Os *pobres* formam a periferia, mas de São Paulo, o pólo moderno da economia brasileira, e sua identidade comporta essa complexidade. Estar na capital de São Paulo, a aspiração dos migrantes, não os retira da condição de *pobres*, mas faz deles os "pobres da cidade". Essa inacessibilidade ao que lhes está tão próximo reforça a afirmação de outros valores, em contraposição aos que lhes são inatingíveis, que passam a não ser formulados expressamente como desejáveis, ainda que não deixem necessariamente de sê-lo — nisso está a ambigüidade —, reafirmando um mundo próprio por eles valorizado, no qual se reconhecem e são reconhecidos.

A FAMÍLIA COMO ESPELHO

Vimos, nos capítulos anteriores, como o trabalho e a família constituem as referências básicas através das quais os pobres constroem sua identidade social positiva. São pólos positivos que diferenciam os *pobres* e *trabalhadores* de outros "pobres", que *merecem o nome de pobre mesmo*.

Neste processo relacional que constitui a construção da identidade social dos pobres, no qual há identificação — pela necessidade de afirmação de um grupo de referência — e diferenciação — pela necessidade do contraste para sua definição positiva —, a constante oposição, o contraste a que nos referimos, opera como um mecanismo estrutural. Não são, entretanto, os termos que se opõem, mas é a oposição que define os termos. Não é o *bandido* que se opõe ao *trabalhador* (Zaluar, 1985), o *marginal* ao *homem de bem* (Caldeira, 1986), a *puta* à *mulher honesta* (Sarti, 1985a), mas é a oposição que precede e define os termos, porque a oposição é constituinte desse processo relacional de construção de identidades sociais. Esta formulação diz respeito a uma análise estrutural.

Lévi-Strauss definiu a lógica de oposições como uma característica (universal) do pensamento humano, um "princípio estrutural", que precede a linguagem e o pensamento, como sua condição de possibilidade. É, segundo esse autor, através de pares de oposições que se organiza o pensamento humano. Foi com base nesse princípio que Lévi-Strauss deu a extraordinária reviravolta na interpretação do totemismo (Lévi-Strauss, 1986)[9]. Essa lógica de oposições, na medida em que organiza as representações, define simultaneamente as relações entre os homens, porque representação e ação humanas não se separam.[10]

---

9. Segundo Lévi-Strauss (1986), o totemismo reduz-se "a um modo particular de formular um problema geral: operar de modo a que a oposição, em vez de ser um obstáculo à integração, sirva antes para produzi-la" (p. 114).

10. O princípio de uma lógica relacional que precede os termos aparece também em Marx (1946), expresso na teoria do valor, em sua definição do que é a mercadoria. Para Marx, as mercadorias são os objetos que têm valor não apenas de uso, mas também de troca. São objetos de troca que, enquanto tais, encerram uma relação prévia, que precisamente os define como "mercadorias". Opera também nesta explicação um princípio estrutural, em que a relação de troca subjaz ao objeto, sendo sua propriedade intrínseca. Assim, as mercadorias não são trocáveis porque são iguais, mas o que as faz iguais é o fato de serem trocáveis. Isto significa que a relação de troca antecede e faz a equivalência dos termos.

Tendo sido demonstrado que há uma pluralidade de referências que delimitam a identidade social dos pobres urbanos — o que é reconhecido nos trabalhos sobre os pobres urbanos de modo geral (Caldeira, 1984; Agier, 1988; Zaluar, 1985) —, o que procurei demonstrar é que há, entretanto, uma lógica de classificação. As várias categorias através das quais os pobres se diferenciam não correspondem a uma visão fragmentada do mundo (Caldeira, 1984), mas são eixos classificatórios distintos que respondem a uma mesma lógica de classificação do mundo, uma lógica de oposições, correspondendo, assim, a um mecanismo estrutural de construção de suas representações e de sua identidade social.

Embora essa lógica de oposições, que preside as relações entre iguais, seja própria do processo, em si, de construção de identidades sociais, não sendo específica dos pobres nem da sociedade de classes onde vivem, transfigura-se, neste caso, num mecanismo que procura responder à particularidade de sua situação na sociedade desigual onde vivem.

Esse processo, no caso dos pobres, reflete, assim, a ambigüidade do sistema de valores de uma sociedade que não realiza sua promessa básica de igualdade. Há solidariedade, um sentimento fundado numa identidade de situação, que se manifesta fundamentalmente através do valor da reciprocidade. Mas há também uma ambivalência como parte do processo de identificação social numa sociedade desigual, porque, se esse processo é, por definição, constituído por contrastes e relações, transforma-se, numa sociedade como a capitalista, igualitária em seus valores e desigual em sua morfologia, num mecanismo ideológico de compensação das desigualdades que é reproduzido nas diversas categorias através das quais os pobres se diferenciam entre si. O processo relacional de construção de sua identidade social opera, então, como ideologia — noção que envolve relações desiguais de poder, quando se trata da sociedade capitalista —, num mecanismo de relativização e de compensação por sua localização como "pobres" nesta sociedade.[11]

---

11. O conceito de ideologia, criticado no capítulo dois, é aqui retomado em sentido distinto. Essa formulação da função ideológica da ambivalência entre iguais, que opera como uma resposta subjetiva às condições objetivas de existência, inspira-se no trabalho de Louis Althusser (1974), por ser este autor o que vai mais longe na crítica à acepção de

No mesmo registro em que se manifesta a solidariedade entre os iguais, há também rivalidade e, com ela, a aspiração a se diferenciar, sendo "mais". As clivagens que dividem os indivíduos na sociedade mais ampla são manipuladas entre eles, sobretudo nos momentos de conflito, como categorias morais que relativizam o lugar do sujeito em face de um outro, seu igual. Para se diferenciar, reproduzem as hierarquias sociais numa relação que os põe frente a seus iguais num lugar simétrico e inverso à posição que os pobres ocupam na sociedade, num movimento circular e reiterativo desta posição.

---

ideologia como "alienação" ou "mistificação", ao afirmar seu caráter necessário como forma de representação da realidade, "uma estrutura essencial à vida histórica das sociedades". Ao propor uma teoria da "ideologia em geral", este autor destaca seu caráter não só necessário, como eterno, "onipresente", "trans-histórico", no mesmo sentido "em que Freud formulou uma teoria do inconsciente em geral" (p. 76); ao mesmo tempo, afirma que a ideologia tem uma "história própria", como "sistema de representações", ou seja, sistema simbólico. A ideologia, nesta concepção deixa de ser domínio do erro e da ilusão, como argumenta Montes (1983), mas "o próprio caráter ilusório da ideologia pode constituir-se [...] em problema a ser investigado, no sentido de se compreender os mecanismos de produção da 'ilusão' que a caracteriza" (p. 57).

Em sua análise dos conceitos de ideologia e cultura, Montes (1983) argumenta que as formulações de Althusser permitem a aproximação de "pelo menos uma das áreas de investigação no terreno do materialismo histórico" com a problemática da Antropologia. A afirmação do caráter necessário da ideologia, da sua especificidade como sistema de representações, seu modo de existência como estrutura e seu nível de atuação como inconsciente são alguns dos pontos destacados pela autora no sentido desta aproximação.

Comentários finais
O BRASIL COMO ELE É

> "Nada do que existe, culturalmente,
> é contemporâneo."
>
> Luís da Câmara Cascudo

Ter a família como referência simbólica significa privilegiar a ordem moral sobre a ordem legal, a palavra empenhada sobre o contrato escrito, o costume sobre a lei, o código de honra sobre as exigências dos direitos universais de cidadania, julgando e avaliando o mundo social com base em critérios pessoais, dos quais decorre a dificuldade de estabelecer critérios morais universalistas.

Esse universo moral é constituído por uma cadeia de relações sociais, intermediadas pela ordem da natureza e do sobrenatural, fazendo com que a reciprocidade que o ordena, tal como a definiu Mauss (1974), como um sistema constituído por três obrigações fundamentais — dar, receber e retribuir —, não seja imediata. O dar e o receber, no universo simbólico dos pobres, envolvem a vida dos indivíduos em sua totalidade, constituindo o que Mauss chamou de sistema de prestações totais. Deus aparece como a entidade moral que comanda o mundo, restaurando a justiça numa ordem injusta (*Deus provê* e *Deus castiga*) e a igualdade num mundo desigual (*Somos todos filhos de Deus*), seja através dos padres católicos, dos pastores pentecostais, dos guias espíritas ou da umbanda ou dos orixás nos terreiros de candomblé...

Se, como espero ter demonstrado neste trabalho, é uma ordem moral que articula o sentido do universo social para os pobres, é a especificidade dessa ordenação do mundo social em termos de obrigações morais que orienta suas ações em qualquer plano da vida social. A família, com seus códigos de obrigações, é uma **linguagem** através da qual traduzem o mundo e, sendo assim, suas possibilidades de negociação e de atuação no mundo social passam pelos caminhos onde é possível falar essa linguagem. Assim, é esta especificidade que define o horizonte de sua ação política. Ainda que, na perspectiva da democracia almejada, fundada no princípio universalista da cidadania que iguala, o apego à moral familiar e a insistência na hierarquia sejam aspectos indesejáveis, que fundamentam modos de agir personalistas e relações clientelistas, negar sua importância como tradução do mundo social é falar um idioma incompreensível.

Em sua análise sobre o discurso populista como um discurso "popular", no sentido de que nele o "povo" se reconhece e se identifica, Montes (1981) atribui sua eficácia precisamente aos elementos "populares" que esse discurso é capaz de articular. Os fundamentos desse discurso estão, segundo sua análise, na redução do universo social, particularmente das diferenças sociais — de riqueza, prestígio e poder na sociedade —, ao universo moral, de modo que as questões sociais só se tornem pensáveis em termos éticos (1981:68). Assim, a eficácia do discurso populista está em que se articula na esfera dos valores morais.

Dizer que a reciprocidade se estruturou como o código, por excelência, de percepção, ordenação e tradução do mundo, na casa e fora dela, como um princípio "sócio-lógico" (Da Matta, 1979), não significa reificar a reciprocidade como um código dos pobres, torná-la componente de uma espécie de "cultura da pobreza" ou danação cultural. Significa, antes, acentuar que a reciprocidade é o fundamento da ordem social para os pobres porque as relações sociais na sociedade brasileira estão estruturadas de modo a fazer valer esse princípio como organizador de sua percepção do mundo. Essa marca das sociedades tradicionais, o código da reciprocidade, não é, então, uma "sobrevivência", mas um traço que existe e persiste pelas próprias características da sociedade onde se inserem como pobres. É, portanto, um dado estrutural da formação histórica brasileira.

O universo simbólico dos pobres reflete e devolve a imagem da sociedade onde vivem. Não se trata, assim, de um universo específico dos pobres, mas dos elementos socialmente dados que são por eles mobilizados e articulados para viverem e atribuírem um sentido à vida, num mundo onde precisamente se localizam como **pobres**. Seguindo as trilhas sugeridas por Câmara Cascudo, de que nada do que existe, culturalmente, é contemporâneo, as raízes dessa mentalidade popular devem ser buscadas na maneira como se constituiu o espaço público no Brasil.

Os estudos históricos encarregaram-se de demonstrar, no plano institucional, assim como, e sobretudo, no plano dos valores e das práticas sociais, a continuidade de traços da sociedade urbana colonial na moderna sociedade brasileira (Araújo, 1993) e a permanência do espírito e do estilo imperiais na constituição da ordem republicana no Brasil, em fins do século XIX e no começo do século XX (Carvalho, 1987; Chaloub, 1986; Boschi, 1991). O que interessa, particularmente para se entender como se forjou a auto-imagem dos *pobres* **e** *trabalhadores* no Brasil, é ressaltar a articulação da ordem capitalista à ordem escravocrata do trabalho e patriarcal da família, imbricação que tem sido reiteradamente ressaltada como marca da formação histórica da sociedade brasileira, desde Gilberto Freyre (1980), passando por Sérgio Buarque de Holanda (1963) e pelos trabalhos de Da Matta, que formulou essa questão como o "dilema brasileiro" (1979, 1985, 1987 e 1993a). Os ecos dessa formação social ressoam ainda hoje entre os pobres em São Paulo. Como bem colocou Cunha (1985) a respeito da vinculação pessoal do liberto e do seu patrono, ao analisar as dimensões ideológicas da alforria no Brasil:

> "O paternalismo que Gilberto Freyre descreveu, e que foi tão contestado posteriormente, teve uma existência real e até crucial. O que evidencia, porém, não é a benignidade da escravidão no Brasil, mas a forma brasileira, feita de favores, lealdades pessoais, clientelismos, de constituição de camadas dependentes" (1985:11).

Sem negar que tenha existido uma política de alforria, Cunha (1985) mostra como essa política se assentou em um sistema de convivências paternalistas, sendo um processo de caráter eminentemente privado. Assim, "não se emergia livre da escravidão, mas dependente" (1985:11).

Como argumentei no capítulo 4, a afirmação da individualidade, que se dá através do trabalho, tanto para o homem como para a mulher (particularmente para a mãe solteira e a mulher *abandonada*), ocorre, dentro desta ordem social e moral, de tal forma que o **indivíduo** emerge, mas não "individualizado" e sim **dependente** da rede que o sustenta e legitima seu processo de individuação, o que se evidencia tanto nas relações entre iguais quanto entre desiguais. Da Matta (1987) afirma, a respeito do universo relacional que marca a sociedade brasileira, que uma rede de relações que ampare e suporte é condição para que experiências individualizantes sejam levadas a efeito.

O indivíduo constitui-se, então, **na mesma medida em que reafirma as hierarquias**. As raízes dessa estranha imbricação, no entanto, antecedem o século XIX e o fim da escravidão, aparecendo já no século XVIII, como revela a análise de Montes (1992) sobre o episódio da Inconfidência Mineira, no qual o valor da individualidade, que se buscava afirmar na ressonância do imaginário das Luzes, se perde, dissolvido em "intrincadas redes de relações". Graças a elas, segundo sua argumentação, para os poderosos da terra, atenua-se a severidade da Coroa, quando não se dissipa o próprio crime, reservando-se apenas a Tiradentes a punição da morte exemplar:

> "A individualidade, com suas aliciantes promessas de liberdade, autonomia e igualdade, transformadas em pesadelo, será assumida por **um** só — Tiradentes — sob o signo do que a isola e, ao mesmo tempo, a sacraliza: a loucura" (Montes, 1992:43).

Nos meandros desses caminhos paradoxais que constituem a realidade deste país — com a qual é preciso lidar, sobretudo para modificá-la —, pode-se entender a sociedade brasileira pelo lado de dentro, interpretando sem a lamentação de que este país não é como "deveria ser". Os valores "tradicionais" persistem não porque "ainda não chegamos lá", mas porque eles têm um sentido estrutural na formação histórica de uma sociedade onde a esfera pública não atua de modo a substituir o padrão de relações personalizadas, numa sociedade, enfim, onde a casa está também na rua (Da Matta, 1979 e 1985). Não como dualismo, mas como uma retradução do mundo capitalista em termos das relações de reciprocidade, o que nem sequer se configura como dilema entre o moderno e o arcaico, porque essas duas ordens constituíram, em seu entrelaçamento, uma ambígua forma de ser.

Bibliografia*

ABRAMO, Laís Wendel (1988). Greve metalúrgica em São Bernardo: sobre a dignidade do trabalho. In: KOWARICK, L. (org.) *As lutas sociais e a cidade* — São Paulo: passado e presente. Rio de Janeiro: Paz e Terra/UNRISD/CEDEC, p. 207-45.

_____ (1999). *O resgate da dignidade*: greve metalúrgica e subjetividade operária. Campinas/São Paulo: Editora da Unicamp/Imprensa Oficial (Coleção Teses.)

AGIER, Michel (1988). Espaço urbano, família e *status* social: um percurso nos espaços de referência das famílias do novo operariado bahiano. Trabalho apresentado no Seminário "Nordeste, o que há de novo?". Natal. Mimeo.

_____ (1990). O sexo da pobreza: homens, mulheres e famílias numa "avenida" em Salvador da Bahia. *Tempo Social* — Revista de Sociologia da USP, São Paulo, v. 2, n. 2, p. 35-60, 2º sem. 1990.

ALMEIDA, Angela Mendes de (1987). Notas sobre a família no Brasil. In: ALMEIDA, A. M. et al. (org.). *Pensando a família no Brasil*. Rio de Janeiro: Espaço e Tempo/UFRRJ, p. 53-66.

ALTHUSSER, Louis (1974). *Ideologia e aparelhos ideológicos do Estado*. Lisboa: Presença.

AMORIN, Carlos (1993). *Comando vermelho*: a história secreta do crime organizado, 3. ed. Rio de Janeiro: Record.

ARAÚJO, Emanuel (1993). *O teatro dos vícios*: transgressão e transigência na sociedade urbana colonial. Rio de Janeiro: José Olympio.

---

* As datas entre parênteses correspondem à edição utilizada para o trabalho e aquelas entre colchetes referem-se à publicação original.

ARDAILLON, Danielle & CALDEIRA, Teresa (1984). Mulher: indivíduo ou família. *Novos Estudos*. São Paulo: CEBRAP, v. 2, n. 4, p. 2-10, abril.

BARROSO, Carmen (1978). Sozinhas ou mal-acompanhadas: a situação das mulheres chefes-de-família. Encontro Nacional de Estudos Populacionais, Campos de Jordão. *Anais* do I Encontro Nacional. São Paulo: ABEP — Associação Brasileira de Estudos Populacionais.

BILAC, Elisabete Dória (1978). *Famílias de trabalhadores*: estratégias de sobrevivência. São Paulo: Símbolo.

BONDUKI, Nabil (1983). Habitação popular: contribuição para o estudo da evolução urbana de São Paulo. In: VALLADARES, L. (org.). *Repensando a habitação no Brasil*. Rio de Janeiro: Zahar, p. 135-168. (Debates Urbanos, 3).

_____ (1988). A crise na habitação e a luta pela moradia no pós-guerra. In: KOWARICK, L. (org.). *As lutas sociais e a cidade* — São Paulo: passado e presente. Rio de Janeiro: Paz e Terra/UNRISD/CEDEC, p. 95-132.

BOSCHI, Renato (org.) (1991). *Corporativismo e desigualdade*: a construção do espaço público no Brasil. Rio de Janeiro: Rio Fundo/IUPERJ.

BOSI, Alfredo (1983). Sobre Vidas Secas. In: SCHWARZ, Roberto (org.). *Os pobres na literatura brasileira*. São Paulo: Brasiliense, p. 149-53.

BRUSCHINI, Cristina (1985). *Mulher e trabalho: uma avaliação da década — 1975/1985*. São Paulo: Nobel/Conselho da Condição Feminina.

CALDEIRA, Teresa (1984). *A política dos outros*: o cotidiano dos moradores da periferia e o que pensam do poder e dos poderosos. São Paulo: Brasiliense.

_____ (1986). *Houses of respect*. Panel "Culture and Politics in Working Class Brazil". In: XIII CONGRESS OF THE LATIN AMERICAN STUDIES ASSOCIATION — LASA, Boston. Mimeo.

CANDIDO, Antonio (1951). The Brazilian family. In: SMITH, L. & MARCHANT, Al. (ed.). *Brazil: portrait of half a continent*. New York: Dryden, p. 291-312.

_____ (1987) [1964]. *Os parceiros do Rio Bonito*. 7. ed. São Paulo: Duas Cidades.

CARDOSO, Ruth (1977). Favela: conformismo e invenção. *Ensaios de Opinião*. Rio de Janeiro: Inúbia, n. 4, p. 35-43.

_____ (1978). Sociedade e poder: representações dos favelados de São Paulo. *Ensaios de Opinião*. Rio de Janeiro: Inúbia, n. 6, p. 38-44.

CARVALHO, José Murilo de (1987). *Os bestializados*: O Rio de Janeiro e a República que não foi. São Paulo: Companhia das Letras.

CASCUDO, Luís da Câmara (1955). Considerações sobre as relações de vizinhança. *Sociologia*. São Paulo, v. 17, n. 4, p. 348-54, outubro.

CASCUDO, Luís da Câmara (1971). O complexo sociológico do vizinho. In:_____. *Ensaios de etnografia brasileira.* Rio de Janeiro: Ministério da Educação e Cultura/Instituto Nacional do Livro.

_____ (1987) [1974]. *História dos nossos gestos.* Belo Horizonte/São Paulo: Itatiaia/Edusp. (Coleção Reconquista do Brasil, 2ª série, v. 104).

CASTRO, Mary Garcia (1989). *Family, gender and work: the case of female heads of households in Brazil (states of* São Paulo *and* Bahia). Tese *(PHD) Sociology Dept., University of Florida.*

CHALHOUB, Sidney (1986). *Trabalho, lar e botequim:* o cotidiano dos trabalhadores no Rio de Janeiro da *Belle Époque.* São Paulo: Brasiliense.

COSTA, Maria Cristina Silva (1993). Vidas em trânsito: trabalhadores rurais temporários na periferia de Ribeirão Preto. Dissertação (Mestrado) — Departamento de Antropologia, FFLCH/USP, São Paulo.

CUNHA, Manuela Carneiro da (1985). *Negros estrangeiros:* os escravos libertos e sua volta à África. São Paulo: Brasiliense.

_____ (1986). *Antropologia do Brasil:* mito, história e etnicidade. São Paulo: Brasiliense/Edusp.

DA MATTA, Roberto (1979). *Carnavais, malandros e heróis:* para uma sociologia do dilema brasileiro. Rio de Janeiro: Zahar.

_____ (1985). *A casa e a rua:* espaço, cidadania, mulher e morte no Brasil. São Paulo: Brasiliense.

_____ (1987). A família como valor: considerações não-familiares sobre a família à brasileira. In: ALMEIDA, A. M. et al. (org.). *Pensando a família no Brasil.* Rio de Janeiro: Espaço e Tempo/UFRRJ, p. 115-36.

_____ (1993a). *Conta de mentiroso:* sete ensaios de antropologia brasileira. Rio de Janeiro: Rocco.

_____ (1993b). Em torno dos pobres urbanos no Brasil: considerações antropológicas. Relatório de pesquisa Mellon/Kellogg. Niterói/Notre Dame. Mimeo.

DAUSTER, Tânia (1983). O lugar da mãe. *Comunicações do ISER.* Rio de Janeiro, n. 7.

_____ (1992). Uma infância de curta duração: trabalho e escola. *Cadernos de Pesquisa.* São Paulo: Cortez/Fundação Carlos Chagas, n. 82, p. 31-36, agosto.

DUARTE, Luis Fernando Dias (1986). *Da vida nervosa nas classes trabalhadoras urbanas.* Rio de Janeiro: Jorge Zahar/CNPq.

DURHAM, Eunice (1978) [1973]. *A caminho da cidade:* a vida rural e a migração para São Paulo. 2. ed. São Paulo: Perspectiva.

_____ (1980). Família operária: consciência e ideologia. *Dados.* Revista de Ciências Sociais. Rio de Janeiro: Campus/IUPERJ, v. 23, n. 2, p. 201-14.

_____ (1983). Família e reprodução humana. *Perspectivas antropológicas da mulher.* Rio de Janeiro: Zahar, n. 3, p. 13-44.

DURHAM, Eunice (1984). Movimentos sociais: a construção da cidadania. *Novos Estudos*. São Paulo: CEBRAP, n. 10, p. 24-30.

_____ (1988). A sociedade vista da periferia. In: KOWARICK, L. (org.) *As lutas sociais e a cidade* — São Paulo: passado e presente. Rio de Janeiro: Paz e Terra/UNRISD/CEDEC, p. 169-204.

DURKHEIM, Émile (1960) [1893]. *De la division du travail social*. 7. ed. Paris: PUF. _____ (1989) [1912]. As formas elementares da vida religiosa. São Paulo: Edições Paulinas.

_____ (1924). *Sociologie e Philosophie*. Paris: Félix Alcan.

FAUSTO NETO, Ana Maria Q. (1982). *Família operária e reprodução da força de trabalho*. Petrópolis: Vozes.

FARIA, Vilmar (1992). A conjuntura social brasileira: dilemas e perspectivas. *Novos estudos*, São Paulo: CEBRAP, n. 33, p. 103-14, julho.

FIGUEIREDO, Mariza (1980). Estudo comparativo do papel sócio-econômico das mulheres chefes-de-família em duas comunidades negras de pesca artesanal. In: 7ª Reunião Anual da ANPOCS, Águas de São Pedro. Mimeo.

FONSECA, Claudia (1986). Orphanages, foundlings and foster mothers: the system of child circulation in a Brazilian squatter settlement. *Anthropological Quarterly*, v. 59, n. 1, p. 15-27.

_____ (1987). Aliados e rivais na família: o conflito entre consangüíneos e afins em uma vila portoalegrense. *Revista Brasileira de Ciências Sociais*. ANPOCS, v. 2, n. 4, p. 88-104, junho.

_____ (1995). *Caminhos da adoção*. São Paulo: Cortez.

FORTES, Meyer (1958). Introduction. In: GOODY, Jack (ed.). *The developmental cycle in domestic groups*. Cambridge: Cambridge University Press, p. 1-14.

FRANCHETTO, Bruna, CAVALCANTI, M. Laura V. C. & HEILBORN, M. Luiza (1981). Antropologia e feminismo. *Perspectivas antropológicas da mulher*. Rio de Janeiro: Zahar, n. 1, p. 11-47.

FREDERICO, Celso (1979). *Consciência operária no Brasil*. São Paulo: Ática.

FREUD, Sigmund (1945) [1929]. El malestar en la cultura In: _____. *Obras completas*. Madrid: Biblioteca Nueva. Tomo III.

FREYRE, Gilberto (1980) [1933]. *Casa-grande e senzala*. 20. ed. Rio de Janeiro/Brasília: José Olympio/INL.

_____ (1951) [1936]. *Sobrados e mocambos*. 2. ed. Rio de Janeiro: José Olympio.

GIDDENS, Anthony (1993). *A transformação da intimidade*: sexualidade, amor e erotismo nas sociedades modernas. São Paulo: Editora da Unesp.

GILLIGAN, Carol (1982). *Uma voz diferente*: psicologia da diferença entre homens e mulheres da infância à idade adulta. Rio de Janeiro: Rosa dos Tempos.

HÉRITIER, Françoise (1975). Les dogmes ne meurent pas. Paris: *Autrement*, *n. 3*.

HIRATA, Helena & HUMPHREY, John (1983). Processo de trabalho, divisão sexual do trabalho e reivindicações femininas. In: 7ª Reunião Anual da ANPOCS, Águas de São Pedro. Mimeo.

_____ (1984). O emprego industrial feminino e a crise econômica brasileira. *Revista de Economia Política*. 4(4).

HOGGART, Richard (1973). *As utilizações da cultura*. Lisboa: Presença, v. 1.

HOLANDA, Sérgio Buarque de (1963) [1936]. *Raízes do Brasil*. 4. ed. Brasília: Editora Universidade de Brasília.

HOLSTON, James (1991). The misrule of law: land and usurpation in Brazil. *Comparative Studies in Society and History*, v. 33, n. 4, October.

KOTTAK, Conrad (1967). Kinship and class in Brazil. *Ethnology*, v. 6, n. 4, p. 427-43, October.

KOWARICK, Lúcio (1979). *A espoliação urbana*. Rio de Janeiro, Zahar.

_____ (1977). *Capitalismo e marginalidade na América Latina*. 2. ed. Rio de Janeiro: Paz e Terra.

LANNA, Marcos (1995). *A dívida divina*: troca e patronagem no nordeste brasileiro. Campinas: Editora da Unicamp.

LÉVI-STRAUSS, Claude (1986) [1962]. *O totemismo hoje*. Lisboa: Edições 70. (Perspectivas do homem, 26).

_____ (1989) [1960]. O campo da Antropologia. In: _____. *Antropologia estrutural 2*. 3. ed. Rio de Janeiro: Tempo Brasileiro, p. 11-40.

LEWIS, Oscar (1975). *La Vida*. Una família puertorriqueña en la cultura de la pobreza: San Juan y Nueva York. 4. ed. México: Joaquín Mortiz.

LIEBOW, Elliot (s/d). *Tally's corner*: a study of negro streetcorner men. Boston/Toronto: Little Brown.

LOPES, José Sérgio Leite et al. (s/d). *Cultura e identidade operária*. São Paulo/Rio de Janeiro: Marco Zero/UFRJ-Museu Nacional.

LOPES, Juarez Brandão e GOTTSCHALK, Andréa (1990). Recessão, pobreza e família: a década mais do que perdida. *São Paulo em Perspectiva*. São Paulo: Fundação SEADE, v. 4, n. 1, p. 100-9, jan./mar.

MACEDO, Carmen Cinira (1979). *A reprodução da desigualdade*. São Paulo: HUCITEC.

MADEIRA, Felícia R. (1993). Pobreza, escola e trabalho: convicções virtuosas, conexões viciosas. *São Paulo em Perspectiva*. São Paulo: Fundação SEADE, v. 7, n. 1, p. 70-83, jan./mar.

MAGNANI, José Guilherme Cantor (1998) [1984]. *Festa no pedaço*, cultura popular e lazer na cidade. 2. ed. São Paulo: HUCITEC/Editora da Unesp.

MARX, Karl (1946) [1867]. La mercancía. *El capital*. México/Buenos Aires: Fondo de Cultura Económica. Tomo I, cap. 1, p. 3-47.

MAUSS, Marcel (1974) [1923-24]. Ensaio sobre a dádiva. In: _____. *Sociologia e Antropologia*. São Paulo: Edusp/EPU, p. 37-184.

MONTALI, Lília (1991). Família e trabalho na conjuntura recessiva. *São Paulo em Perspectiva*. São Paulo: Fundação SEADE, v. 5, n. 1, p. 72-84, jan./mar.

MONTES, Maria Lúcia Aparecida (1981). O discurso populista ou caminhos cruzados. In: MELO, José Marques de (org.). *Populismo e comunicação*. São Paulo: Cortez, p. 61-75.

_____ (1983). Lazer e ideologia: a representação do social e do político na cultura popular. Tese (Doutorado) — Departamento de Ciências Sociais, FFLCH/USP, São Paulo.

_____ (1992). 1789: a idéia republicana e o imaginário das Luzes. Seminário "Tiradentes hoje: Imaginário e política na República brasileira", organizado pela Fundação João Pinheiro, Belo Horizonte. Mimeo.

MORAES, Maria Lygia Quartim de (1976). A questão feminina. *Estudos CEBRAP*. São Paulo, n. 16, p. 155-68.

_____ (1985). Família e feminismo: o encontro homem-mulher como perspectiva. *Perspectivas*. UNESP, Campus de Araraquara. São Paulo, n. 8, p. 143-52.

_____ (1989/90). Avatares da identidade feminina. *Perspectivas*. São Paulo, n. 12/13, p. 163-79.

_____ (1994). Infância e cidadania. *Cadernos de Pesquisa*. São Paulo: Cortez/ Fundação Carlos Chagas, n. 91, p. 23-29, novembro.

NEVES, Delma Pessanha (1984). Nesse terreiro, galo não canta: estudo do caráter matrifocal de unidades familiares de baixa renda. *Anuário Antropológico/83*. Rio de Janeiro: Tempo Brasileiro.

OLIVEIRA, Francisco de (1977). A economia brasileira: crítica da razão dualista. *Seleções CEBRAP*. 3. ed. São Paulo: Brasiliense/CEBRAP, n. 1, p. 5-78.

OLIVEIRA, Roberto Cardoso de (1976). *Identidade, etnia e estrutura social*. São Paulo: Pioneira.

PAES, José Paulo (1983). Samba, estereótipos, desforra. In: SCHWARZ, Roberto (org.). *Os pobres na literatura brasileira*. São Paulo: Brasiliense. p. 175-80.

PAOLI, Maria Célia (1974). *Desenvolvimento e marginalidade*. São Paulo: Pioneira.

PENA, Maria Valéria Junho (1980a). A mulher na força de trabalho. *BIB*, Boletim Informativo e Bibliográfico de Ciências Sociais, Rio de Janeiro: ANPOCS, n. 9, p. 11-21.

_____ (1980b). Uma nova sociologia? *Dados*. Revista de Ciências Sociais. Rio de Janeiro: Campus/IUPERJ, v. 23, n. 1, p. 93-107.

A FAMÍLIA COMO ESPELHO 151

PENA, Maria Valéria Junho (1981). *Mulheres e trabalhadoras*: presença feminina na constituição do sistema fabril. Rio de Janeiro: Paz e Terra.

PERLMAN, Janice E. (1977). *O mito da marginalidade*: favelas e política no Rio de Janeiro. Rio de Janeiro: Paz e Terra.

PIERUCCI, Antonio Flavio (1987). As bases da nova direita. *Novos Estudos*. São Paulo: CEBRAP, n. 19, p. 26-45, dezembro.

PITT-RIVERS, Julian (1988). Honra e posição social. In: PERISTIANY, J. G. (org.). *Honra e vergonha*: valores das sociedades mediterrâneas. 2. ed. Lisboa: Fundação Calouste Gulbenkian,p. 11-59.

_____ (1992). A doença da honra. In: GAUTHERON, M. (org.). *A honra*: imagem de si ou dom de si — um ideal equívoco. Porto Alegre: LPM. p. 17-32. (Coleção Éticas).

RIBEIRO, Darcy (1986) [1977]. *Os índios e a civilização*: integração das populações indígenas ao Brasil moderno. 5. ed. Petrópolis: Vozes.

RODRIGUES, Arakcy Martins (1978). *Operário, operária*: estudo exploratório sobre o operariado industrial da Grande São Paulo. São Paulo: Símbolo.

ROSEMBERG, Fúlvia (1993). O discurso sobre criança de rua na década de 80. *Cadernos de Pesquisa*. São Paulo: Cortez/Fundação Carlos Chagas, n. 87, p. 71-81, novembro.

SADER, Éder & PAOLI M., Célia (1986). Sobre "classes populares" no pensamento sociológico brasileiro (notas de leitura sobre acontecimentos recentes). In: CARDOSO, Ruth (org.). *A aventura antropológica*. Rio de Janeiro: Paz e Terra, p. 39-67.

SAFFIOTTI, Heleieth (1976). *A mulher na sociedade de classes*: mito e realidade. Petrópolis: Vozes.

SAHLINS, Marshall (1979). *Cultura e razão prática*. Rio de Janeiro: Zahar.

SALEM, Tania (1981). Mulheres faveladas: *"com a venda nos olhos"*. *Perspectivas antropológicas da mulher*. Rio de Janeiro: Zahar, n. 1, p. 49-99.

SARTI, Cynthia Andersen (1985a) *"É sina que a gente traz"*: ser mulher na periferia urbana. Dissertação (Mestrado) — Departamento de Ciências Sociais, FFLCH/USP, São Paulo.

_____ (1985b). Trabalho feminino: de olho na literatura. *Literatura Econômica*. Instituto de Planejamento Econômico e Social (IPEA). Rio de Janeiro, v. 7, n. 1, p. 93-116.

_____ (1992). Família patriarcal entre os pobres urbanos? *Cadernos de Pesquisa*. São Paulo, n. 82, p. 37-71, agosto.

_____ (1995a). Família e individualidade: um problema moderno. In: CARVALHO, Maria do Carmo Brant de (org.). *A família contemporânea em debate*. São Paulo: EDUC/Cortez, p. 39-49. (Série Eventos).

_____ (1995b). A continuidade entre casa e rua no mundo da criança pobre. *Revista Brasileira de Crescimento e Desenvolvimento Humanos*. São Paulo, v. 5, n. 1/2, p. 39-47.

SARTI, Cynthia Andersen (1997). A sedução da igualdade: trabalho, gênero e classe. In: SCHPUN, M. R. (org.). *Gênero sem fronteiras*. Florianópolis: Editora Mulheres, p. 153-68.

SECRETARIA DA CRIANÇA, FAMÍLIA E BEM-ESTAR SOCIAL DE SÃO PAULO (1994). *Contagem de crianças e adolescentes em situação de rua na cidade de São Paulo*. São Paulo: SCFBES.

SCOTT, Parry R. (1990). O homem na matrifocalidade: gênero, percepção e experiências do domínio doméstico. *Cadernos de Pesquisa*. São Paulo, n. 73, p. 38-47, maio.

STOLCKE, Verena (1980). Mulher e trabalho. *Estudos CEBRAP*. São Paulo, n. 26, p. 83-117.

TAVARES, Maria da Conceição (1991). Economia e felicidade. *Novos Estudos*. São Paulo: CEBRAP, n. 30, p. 63-75, julho.

TELLES, Vera da Silva (1992). Cidadania inexistente: incivilidade e pobreza. Um estudo sobre trabalho e família na Grande São Paulo. Tese (Doutorado) — Departamento de Sociologia, FFLCH/USP, São Paulo.

VALLADARES, Lícia do Prado (1983). Estudos recentes sobre a habitação no Brasil: resenha da literatura. In: _____. (org.). *Repensando a habitação no Brasil*. Rio de Janeiro: Zahar, p. 21-77.

_____ (1991). Cem anos pensando a pobreza (urbana) no Brasil. In: BOSCHI, Renato R. (org.). *Corporativismo e desigualdade*: a construção do espaço público no Brasil. Rio de Janeiro: Rio Fundo/Iuperj, p. 81-112.

VERÇOSA, Elcio de Gusmão (1985). Ideologia e prática pedagógica escolar. Dissertação (Mestrado) — Centro de Educação, Universidade Federal de Pernambuco, Recife.

VOGT, Carlos (1983). Trabalho, pobreza e trabalho intelectual (*O quarto de despejo* de Carolina Maria de Jesus). In: SCHWARZ, Roberto (org.). *Os pobres na literatura brasileira*. São Paulo: Brasiliense, p. 204-13.

WEBER, Max (1967) [1904]. *A ética protestante e o espírito do capitalismo*. São Paulo: Pioneira.

WOORTMANN, Klaas (1982). Casa e família operária. *Anuário antropológico/80*. Rio de Janeiro/Fortaleza: Tempo Brasileiro/Editora UFC, p. 119-50.

_____ (1984). A família trabalhadora. *Ciências Sociais Hoje*. São Paulo: ANPOCS/Cortez, p. 69-87.

_____ (1986). A comida, a família e a construção do gênero feminino. *Dados*. Revista de Ciências Sociais. Rio de Janeiro: Taurus/IUPERJ,v. 29, n. 1, p. 103-30.

_____ (1987). *A família das mulheres*. Rio de Janeiro: Tempo Brasileiro/CNPq.

ZALUAR, Alba (1985). *A máquina e a revolta*: as organizações populares e o significado da pobreza. São Paulo: Brasiliense.